开一家赚钱的小店 系列丛书

开一家赚钱的书店

章 名◎编著

中国财富出版社

图书在版编目（CIP）数据

开一家赚钱的书店/章名编著. —北京：中国财富出版社，2015. 11

（开一家赚钱的小店系列丛书）

ISBN 978 - 7 - 5047 - 5778 - 4

Ⅰ. ①开…　Ⅱ. ①章…　Ⅲ. ①书店—商业经营　Ⅳ. ①F717. 5

中国版本图书馆 CIP 数据核字（2015）第 141988 号

策划编辑　姜莉君　　**责任编辑**　姜莉君

责任印制　方朋远　　**责任校对**　梁　凡　　**责任编辑**　邢有涛

出版发行　中国财富出版社

社　　址　北京市丰台区南四环西路 188 号 5 区 20 楼　**邮政编码**　100070

电　　话　010 - 52227568（发行部）　010 - 52227588 转 307（总编室）

010 - 68589540（读者服务部）　010 - 52227588 转 305（质检部）

网　　址　http：//www. cfpress. com. cn

经　　销　新华书店

印　　刷　三河市西华印务有限公司

书　　号　ISBN 978 - 7 - 5047 - 5778 - 4/F · 2415

开　　本　710mm × 1000mm　1/16　　**版　　次**　2015 年 11 月第 1 版

印　　张　15. 5　　**印　　次**　2015 年 11 月第 1 次印刷

字　　数　222 千字　　**定　　价**　29. 80 元

前　　言

图书是人类用来记录一切成就的主要工具，也是人类交融感情、取得知识、传承经验的重要媒介，对人类文明的开展贡献至钜，所以，无论古今中外，对于图书，人们总是给予最高的肯定与特别的关怀。

书店在功能上与其他商品零售店无异，是图书出版业行销通路成员之一。但因图书负有知识、文化传递使命，传统上较不被视为商品，书店也被视为文化事业，商业气息较不浓厚。书店业的产业特征是书店数量非常多，且每一家书店的规模都不大，因此无法获得规模经济利益。图书行业投资回报率低，使得书店缺乏资金及技术扩大营业规模；又或者是业者安于现状，数十年来在经营管理上都没有什么改变。

中国图书行业经营效益较为稳定，毛利率维持在15%～16%，销售利润率维持在12%～14%。但与其他行业相比，行业投资回报率并不太理想，行业总资产报酬率低于6%，净资产利润率低于8%，所幸两项指标都呈波动上升趋势。

据统计，我国图书行业销售规模在经历2009年小幅下降后，2010年重新回到两位数增长速度，行业销售收入达672.93亿元。与此同时，行业利润达到31.77亿元，同比增长43.71%。

近些年，随着社会发展的步伐，书店业已形成实体书店和网上书店并驾齐驱的态势。而且，实体书店的确受到了网上书店的冲击。不过，不能因为这些客观原因而小觑了书店的优势，假设你懂经营，开的书店有特色，照样可以赚大钱。

现实中，网上书店的书的确价格较低，而且网上书店还提供送货上门服务。难怪就连最铁杆的民营书店粉丝，也习惯了从网上购书。很多民营书店倒闭惨象也说明，民营实体书店不能等着变革，不能总是一成不变走老路线，而应主动改变经营思路，适应社会发展和读者需求。实体书店不仅要努力降低成本，还应提高服务质量与网上书店争夺顾客。假设你开的书店有特色，适合大众读者消费理念，去实体书店买书还是比在网上书店下单感觉真实，顾客群也会一步步稳固。在欧美，很多民众购书的方式还是去书店，在地铁里、火车上、飞机上……处处都可见以纸质书为主的阅读方式，这也说明了我国的书店行业还是有前景的。因此，民营实体书店能否咸鱼翻身，关键还得靠自己。

实体书店除了拼价格，还可拼服务。除了在改善购书环境上下工夫，给购书者提供咖啡书吧等延伸服务、拓展多种经营外，还可效仿户外旅游用品商店组织“驴友”会推销产品的方式，组织书友会，通过不定期的打折促销和举办各种活动来吸引人气，培养忠实顾客群。为方便顾客，实体书店应尽快开展同城送货上门服务，改变书店辐射人口不多的劣势。

为弥补单个书店进货不多、难与出版社讲价的劣势，若干个民营书店完全可以组成销售联盟，共同进货，以降低成本；同时通过发行通用的会员卡，最大限度地拓展联盟的影响力，与新华书店及网上书店相抗衡。凡此种种，都大有可为。

想开一家赚钱的书店，那就离不开日常经营管理，从选址、装修、进货、陈列、服务、经营上都要下很大工夫，本书详细地介绍了书店经营的一些诀窍，希望通过本书可以使您在书店的经营管理中得心应手，事半功倍。

在此，谨对参与本书编写的吴强、王振伟、杜延起、张萍、刘芳、张志勇、李光亮、李绍玲、贺子锦等人表示感谢！

作　者

2015 年 3 月 28 日于北京

目 录

第一章

开书店需要哪些“基本功”

开一家书店，也许很多人想过，不仅品位高而且还能赢利。大家都希望店铺开张后，车马盈门，生意兴隆，我们的日子也能越过越红火，越过越滋润。要想开一家赚钱的书店，那就必须先掌握一些开书店的“基本功”。

图书是什么

1. 图书的定义

在中国古代，人们曾对图书下过不同的定义。例如，从图书的内容方面出发的就有“百氏六家，总曰书也”（《尚书·序疏》）；从图书形式上出发的则认为“著于竹帛谓之书”（《说文解字·序》）。显然，这些定义是时代的产物，是就当时的实际情况而言的，不可能对以后的发展做全面的概括。但上述定义已经正确地揭示了当时书籍的内容和形式特征，并且把“书”看作是一种特指概念，把它与原始的文字记录区别开来。经过了长达数千年的演变，作为图书内容的知识范围扩大了，记述和表达的方法增多了，使用的物质载体和生产制作的方法发生了多次的变化；因而也就产生了图书的各种类型、著作方式、载体、书籍制度以及各种生产方式。所有这些，便促使人们对图书有了较系统而明确的概念。

直到今天，图书的定义仍有广义和狭义之分。广义的“图书”，泛指各种类型的读物，既包括甲骨文、金石拓片、手抄卷轴，又包括当代出版的书刊、报纸，甚至包括声像资料、缩微胶片（卷）及机读目录等新技术产品；而在图书馆和情报所的实际工作中，人们又要把图书同期刊、报纸、科技报告、技术标准、视听资料、缩微制品等既相提并论，又有所区别。在前者与后者有所区别的时候，图书所包括的范围就大大缩小了，这是狭义的“图书”。

2. 图书的构成要素及特点

从竹木简牍到今天的各类图书，不管其形式和内容如何变化，只要认真地加以考察和分析，就可以看出它们都具有下面这样几个要素：

①被传播的知识信息。

②记录知识的文字、图像信号。

③记载文字、图像信号的物质载体。

④图书的生产技术和工艺也是产生图书的基本条件。

与其他出版物相比，图书的特点为：

①内容比较系统，全面，成熟，可靠。

②出版周期较长，传递信息速度较慢。

3. 图书的种类

按学科不同，图书可划分为社会科学图书和自然科学图书。

按文种不同，图书可划分为中文图书和外文图书。

按用途不同，图书可划分为普通图书和工具书。

按内容不同，图书可划分为小说、儿童读物、专业书、工具书、手册、书目、剧本、报告、日记、书集、摄影绘画集等。

按特征不同，图书可划分为纸质书、电子书、有声读物、盲人书等。

联合国教科文组织对图书的定义是：凡由出版社（商）出版的不包括封面和封底在内49页以上的印刷品，具有特定的书名和著者名，编有国际标准书号，有定价并取得版权保护的出版物称为图书。

图书是用文字或其他信息符号记录于一定形式的材料之上的著作物，是一种特定的不断发展着的知识传播工具。

图书行业的发展趋势

中国图书行业经营效益较为稳定，毛利率维持在15% ~16%，销售利

润率维持在 12% ~14% 。但与其他行业相比，行业投资回报率并不太理想，行业总资产报酬率低于 6% ，净资产利润率低于 8% ；所幸两项指标都呈波动上升趋势。

据统计，我国图书行业销售规模在经历 2009 年小幅下降后，2010 年重新回到两位数增长速度，行业销售收入达 672. 93 亿元。与此同时，行业利润达到 31. 77 亿元，同比增长 43. 71% 。

《2014—2018 年中国教辅类图书行业发展规模与行业企业发展状况分析报告》显示，至 2015 年中国图书出版品种将增至 41. 9 万种，图书出版总印数将增至 79. 2 亿册，报纸出版总印数将增至 552. 3 亿份，期刊出版总印数将增至 42. 2 亿册，人均年拥有图书数量将上升至 5. 8 册，每千人拥有日报份数将达 100. 6 份，国民综合阅读率将提高至 80% 。这预示着图书行业需求将稳步增长，行业销售规模有望持续扩大。

和图书有关的术语

想成功开一家赚钱的书店，那么和图书有关的最基本的术语必须要掌握，不然对方说一个“码洋”或者“复本”，你还要让人解释，那就太不专业了。“专业的人做专业的事”，开书店前必须要懂一些必要的术语。

1. 码洋、实洋、复本

这是出版专业术语，其他行业都不这么用。“码”就是指数量的多少，“洋”代表钱，“码洋”就是“多少钱”。书刊的每一本上面都列有由阿拉伯数字（码）和钱的单位（洋）构成的定价，相乘得定价总额，一本书的定价或一批书的总定价，其货币额俗称码。“码洋”是图书出版发行部门用于指全部图书定价总额的词语，即出版物价格的总和。

码洋 = 定价 × 数量

相对应码洋的还有一个就是实洋，实洋就是“码洋 × 折扣”后的数字，即打折过后的价格。

实洋 = 码洋 × 折扣

复本就是同一种书的数量。

2. CIP（图书在版编目数据）

CIP 是英文 Cataloguing In Publication 的缩写，指依据一定的标准，为在出版过程中的图书编制书目数据。经图书在版编目产生的并印刷在图书主书名页背面的书目数据称为在版编目数据。

3. ISBN（国际标准书号）

ISBN 是英文 International Standard Book Number 的缩写，是专门为识别图书等文献而设计的国际编号。在联机书目中 ISBN 可以作为一个检索字段，从而为用户增加了一种检索途径。ISO（国际标准化组织）于 1972 年颁布了 ISBN 国际标准，并在西柏林普鲁士图书馆设立了实施该标准的管理机构——国际 ISBN 中心。现在，采用 ISBN 编码系统的出版物有图书、小册子、缩微出版物、盲文印刷品等。2007 年 1 月 1 日前，ISBN 由 10 位数字组成，分为 4 段：组号（国家、地区、语言的代号），出版者号，书序号和检验码。2007 年 1 月 1 日起，实行新版 ISBN，新版 ISBN 由 13 位数字组成，分为 5 段，即在原来的 10 位数字前加上 3 位 ENA（欧洲商品编号）图书产品代码“978”。

以下就其余 4 段号码做简单介绍。

第一段号码是国家代码（State Identifier），最短的是 1 位数字，最长的达 5 位数字，大体上兼顾文种、国别和地区，把全世界自愿申请参加国际

标准书号体系的国家和地区，划分成若干地区，各有固定的编码：美国所出版的书国家代码为0，1代表英语，使用这两个代码的国家有澳大利亚、加拿大、爱尔兰、新西兰、波多黎各、南非、英国、美国、津巴布韦等；2代表法语，法国、卢森堡以及比利时、加拿大和瑞士的法语区使用该代码；3代表德语，德国、奥地利和瑞士德语区使用该代码；4是日本出版物的代码；5是俄语系国家出版物的代码；7为中国大陆出版物使用的代码；等等。国家代码最长可能为5位数字（如不丹为99936），但相对剩下能使用、分配的位数就较为狭隘。

第二段号码是出版社代码（Publisher Identifier），由其隶属的国家或地区ISBN中心分配，允许取值范围为2～5位数字。出版社的规模越大，出书越多，其号码就越短。

第三段号码是书序码（Title Identifier），由出版社自己给出，而且每个出版社的书序号是定长的（数字9，减去组号、出版社代码所占的位数，就是书序码的位数）。最短的1位，最长的6位。出版社的规模越大，出书越多，书序码越长（如人民文学出版社的出版社代码为02，书序码即为6位；译林出版社代码5447，书序码即为4位）。

第四段号码是校验码，其数值由前9位数字依次以10～1加权之和并以11为模计算得到。

5段号码之间应该用连字符（-）连接。但是，有些图书馆集成系统不能自动分配连字符，图书馆编目人员也对ISBN的分段方式不甚了解，所以人们经常在书目记录中省略连字符。

如何识别盗版书

1. 看封面

与正版书相比，盗版书的封面往往色彩不正，要么暗淡，要么艳丽，套色也比较错杂。此外，新闻出版署规定严禁用色情、凶杀的文字和图画吸引读者，而盗版书的封面大多刊有淫秽、凶杀、暴力等刺激性画面。

2. 看装订

按出版业常规，一本200页以上的正版书，应弃铁丝订而改用锁线订、塑线或无线胶订。而盗版者由于印刷装订设备的局限或为了降低成本，其盗版书三四百页仍常用铁丝订。

3. 看印刷厂

每家出版社都有若干家固定的合作印刷厂，各印刷厂在用纸、油墨、印刷上也都有自己的特点。如果平常留心于此，是有助于识别盗版书的。

4. 看用纸

书要两面印，纸张太薄则易掺墨而致字迹模糊难识。所以，除辞典外，正版书用纸均在52克及其以上。一旦遇到用纸薄的书，另一面字迹渗透过来，则务必小心。

5. 看内容

盗版书在内容上有三种表征：一是错字、别字、脱字、衍字、病句

多；二是排版常欠齐整，要么疏阔，要么密凑，视觉涩硬；三是似复印件。

6. 看字迹

有的盗版书不另排版，而是依原书翻版照排，这样可以免去文字上的错误与排版上的丑相，但纸张上墨点多，字迹也比较虚，看上去很像复印件。

7. 看书价

由于盗版书从纸张、排版到印刷，成本很低，既不付稿酬又逃避税收，因此兜售者往往以低于标价两三倍的价钱出手，一本定价标着60元的书，15元他就卖给你。而地摊上那些对折出售的新书，大多是盗版书。

8. 看总发行（总经销）单位是否含混不清

如有的非法出版物只是注上“新华书店发行”，究竟是哪家新华书店，不明确标出。合法刊物一般以某个邮局为总发行单位，而非法刊物则不标出邮局发行字样。

以上8点有利于一个准书店老板鉴别哪些是盗版书，以便远离盗版书的危害。

有读者会问：“从出版社里面出来的书一定就是正版书吗？”答案也是否定的，99%的出版社出来的书是正版书。但如前几年的《没有任何借口》《蚂蚁军团》《没有借口》《世界最佳公司大面试题》《没有任何借口全集》《成交：谈判大师的独家营销秘方》《气度：管理大师的独家领导艺术》等书都是上了新闻出版广电总局的黑名单的。它们有一个特点，即著作权不清或是编造作者。

不管怎样，假的终究是假的，它永远也代替不了真的。只要能够认真识别，一定会“去伪存真”，买到正版书。

开书店需要有一批书业的朋友

如果你想开一家书店，那么在前期准备的过程中，你要尽可能多接触一些书业的朋友，如出版社的编辑、图书批发商、民营书商、书店经理等。

你要多和他们进行交谈，了解出版界和图书发行的情况，以及他们的意见和想法，无论对你今后经营一家书店是否具有价值，都值得你去认真思考和领会。一般来说，想投资经营一家书店，有书业的朋友支持是非常重要的。

每一个书店经营者都必须拥有一批书业的朋友。当然，这些朋友你可以在经营书店的过程中慢慢结交，但是，如果在投资经营书店之前就有一批这样的朋友的话，那么你投资书店就成功一半了。

没有人支持，你投资经营一家书店要很多学费，风险太大。如果有这方面的朋友，他们会给你一些很明确的建议，诸如书店位置选择、书店定位、图书品种确定、如何上货、资金预算方案是否可行等。更为关键的是，如果他们觉得你的书店有发展前景，他们会全力支持你的经营活动。

经营小书店的注意事项

在图书零售市场格局发生巨变，读者购书习惯已经形成的今天，小书店无疑是图书行业最容易生存的谋生手段。开小书店容易，经营起来也不是简单的事情，一分耕耘，一分收获。大、中书店赢利诱人，但个中甘苦

置身之外的人是难以体会的。经营小书店应该注意以下事项：

①位置——小书店不同其他书店，只要经营得当，无论是在繁华区、居民区，还是在僻静的地方，都可以开办。

②面积——最好不要超过100平方米。

③装潢——如果条件允许，做一些装修，但灯光照明要好，干净整洁尤为重要。

④店名——一定要起一个好听的名字，但不要脱离店内经营的图书主向。

⑤设施——店内设施尽可能小巧实用，特别是书架不要选购臃肿的类型，以便腾出更多的空间陈列卖钱的图书。

⑥陈列——小书店客流量有限，陈列图书拥挤一点也不要紧，但每平方米陈列码洋最好不要超过6000元。

⑦定位——调查清楚方圆3平方千米内的人群类型和经常路过人流的情况，然后选择主打经营的图书种类，但不要超过五大类，切忌全品种经营。

⑧进货——不要从出版商手中进货，选择当地或临近地域的批发商较好，不要贪心几个折扣造成图书积压。店内图书最好保持80%可以调换。

⑨费用——人员工资，水、电、气、工商、税务等各种费用尽可能降至最低，万万不可铺张浪费。

⑩宣传——宣传对小书店销售影响不大，只要提供一些简单的新书信息即可。

⑪加盟——图书品质和价格没有地域、时间限制，同时各店销售方向不同，加盟连锁书店不可取。如加盟不但增加了费用，而且在读者心目中容易产生误导，至于上市一说似乎离小书店还很远。

⑫商品——图书之外适当引进其他商品，不但可以增加客流量，而且

能够增加营业额。就目前国内商业情况来看，增加电话卡、上网卡、小礼品、文化用品、公用电话较为适宜，最好不要卖日用品和食品类商品。

⑬时间——营业时间可适当滞后开店，也就是说上午可以晚一些，晚上营业时间延长一些，最好一年365天营业。

第二章
开书店前须知

如果你想开一家赚钱的书店，那么你就要做足开店前的一切准备，和书店有关的一定要做到胸中有数。在书店工作期间，你的任务就是做好书店日常工作中那些最琐碎的事情，包括收货、拆包、上架、管理库存、销售、操作收银、包装礼品、搭建和拆除陈列，以及做好店内的日常清洁工作等。假如你不愿意去亲身体验这些工作，你可能需要对开书店的念头再慎重考虑一下。

另外，你还需要了解书店里有哪些有特色的图书类别，包括每一个图书类别中的品种范围；了解书店有哪些非图书经营项目，以及书店是通过什么渠道进货、在什么地方进货的；留意图书陈列架的材质、类型、高度、阔度和深度，还有书店是如何布局的，书店为什么这样布局。

以上基本要点都是我们开店前必须知道的，如果你已经完全掌握，那么离开一家赚钱的书店就不远了！

开书店可能存在的风险

在激烈的市场竞争中，一家个人书店的经营与发展不是一蹴而就的事情，并非有了浓厚的兴趣与资金支持就一定只赚不赔，市场经济下，绝对需要更精明的商业头脑。

开一家书店可能会存在以下风险：

①出版社、书商与批发商的“可调不退”供书政策有可能造成大批量进货导致囤积，经验者建议数量少，勤跑腿的采购方式。

②个人书店经营者开书店多半是为了圆内心中的一个梦想或者情结，有许多有特别偏好的专业或者主题书店的经营者对于此一领域商业操作的基本原则毫无概念，经验者建议经营者一定要掌握基本的财会知识、制度与经营常识。

③盗版书充斥市场，造成了一定程度的市场混乱，同时也会给采购者带来经济上的损失，经验者建议经营者一定要具备图书专业知识与识别技能。

④图书市场是一个变幻莫测的消费类市场，它有其自身的发展规律，经验者建议经营者一定要随时关注图书市场波动及其发展热潮和方向，为采购奠定坚实的基础。

投资开店须知三点

同其他的实业投资相比，投资办书店所需的资金及专业技巧要求相对较低，因此，近年来开书店成了不少创业人士的热门选择。但如果说开书店真的风险很小，却也不尽然。投资开店须知以下 3 点。

1. 投资不要求高，地段一定要好

个人投资开书店，除了固定资产，如房租、设备等的投入之外，资金压力相对较小。只要你坚持每个月结账，建立起稳定良好的信用，出版社一般都愿意让你负债经营。小书店通常在熬过开业最初一段时间后，以后的货款滚动就会轻松一些。

比起对创业资金的要求，书店对理想地段的要求很高。占有一个好的市口，等于成功了一半。上海的“季风书园”最早在地铁 1 号线陕西路站租了一个 41 平方米的小店铺，租金是 6 元/(平方米·天)。当时地铁的人流量并不理想，但“季风书园”坚持在地铁沿线布点的策略，相继在黄陂路站、莲花路地铁广场，图以及 2 号线的静安寺站开出分店。等到地铁的客流出现巨量增长的时候，“季风书园”迎来了收获的季节。

随着轨道交通、大学附近、写字楼聚集区域之类黄金地段的价值被越来越多的人所认识，后来者的进入成本已成倍增加。如何发掘自己能够承受且有“升值潜力”的地段，是每一位有意投资书店的人首先必须考虑的问题。

2. 特色成就书店成长

开一家书店并不难，但要办好一家书店，难度极大。图书是一种精细产品，在大部分情况下它具有不可替代性。消费者买肥皂，想买力士的，没有的话可以用舒肤佳来代替，但买书的时候，你要一本哈贝马斯的著作，没有的时候就不可能用德里达或者福柯的著作去代替。所以做好专业，保持特色，是保证客源的最好方法。

在开店前，一定要调查清楚本地域的特点，比如在居住区附近，就得设计成一个社区书店，像少儿类的图书就成了大头；如果在戏剧学院、歌

剧院等附近开书店，电影戏剧类的图书就要多进一些。

没有特色的书店，即便投资再多、服务再好都是没用的。

3. 全面“打折”不可取

在如今的民营书店中，打折销售似乎已成惯例，打折平均水平一般在80% ~90% 。对这一“不成文的行规”不可取，目前民营书店在进书时和国营书店基本上是平等的，平均折扣在60% 左右；新华书店稍有优势的是如在批销中心进书，因为是一个系统，可能在退书上方便一些。还有就是根据各家书店的影响和信用情况，出版社和批销部门在和书店的结账方式上略有优惠。

之所以不赞成打折，理由很简单：30% 的利润中，房租和人员工资以及各种附加费用要占 20% ，交税是 5.6% ，剩下只有 4.4% 的纯利润。如果坚持正规经营，打折让利的空间实在非常有限。另一个更重要的原因在于图书是一种限量供应的商品，每年除了几百种印数较大的畅销品种外，大部分图书的印数只是6000 ~8000 册，一些冷门的学术书，甚至只有几百本。书店为了配齐这些品种，通常要占用大量的资金。为了维持品种的完整齐全，不可能实行“一律八折”的销售。至于那些新开业、小规模的书店，由于信用额度较低，资金周转通常较吃力，轻言“打折”，绝对得不偿失。

开书店的前期准备

首先，你需要花大量时间考虑开展零售业务的有关事项：初期投入资本及相应的财务目标、时间、劳动投入、管理、必要的社交活动等。

如果你从来没有在书店工作过，不妨先从积累实际经验开始。你可以到一家书店去应聘，哪怕只是做做临时的帮手。若书店不愿意给你支付薪水，可以志愿为其无偿工作。

在前期调研的过程中，要尽可能多接触一些书店店主，多和他们进行交谈。有关他们书店的各个方面的情况，都值得做好记录，无论这些内容对你来说是否具有吸引力。你需要了解他们书店里有特色的主题类别，包括每一个主题类别中的品种范围；了解他们还有哪些非图书的经营项目，以及通过何种方式、在哪里进货；留意店面工作人员的数量，以及他们手头的工作；留意图书陈列架等固定设备的类型，还有开单、结账、收款区域；记下你对该书店气氛和总体印象的评价。在做你自己的书店规划时，注意参考这些笔记。

在图书进货方面，要关注以下几个问题。

1. 如何进行第一次进货

无论对于综合书店还是专业书店，都没有固定的库存配置标准或模式。品种和版别的选择取决于你的书店类型、店面位置以及你的目标客户范围。一般情况下，普通综合类书店的库存是由50%以上的平装书，比率不大的精装书、处理书和其他兼营商品组成的。

在品种选择方面，出版社的业务代表可以给你一些建议。他们熟悉本社的品种交易历史，能够帮助你在广泛的种类中进行选择。此外，有些批发商还会根据你的相关信息，如所在区域、预计投入金额等，给你提供一份包含品种及数量的电脑打印目录。不同的批发商，目录中的价格会有所不同，当初次订购数量超过其规定的最小量，价格可有一定的降低。少数批发商还提供适销品种或特色品种的打印清单，可以帮助你亲自进行采购。

2. 第一次进货，多少预算比较合适

以一般的经验来看，新店的进货预算保守些为宜，让库存稍微偏紧、适时补货会比较好，不过在营业期间，有充足的备货同样重要。你需要保证顾客到店内来过一次，就能找到下次再光顾的理由。

记住，所有的新店在业务增长时都会扩大库存。新店一开张，就会面临一系列的开支，具有相当的现金储备很重要，同时也要做好必要的库存调整。

3. 可以得到什么样的图书折扣

出版商和批发商之间通常不会有一套固定的折扣标准，大多数情况下他们给书店发货，是根据订购数量给予不同级别的价格折扣。

每个供应商都有自己的折扣价格表和优惠条件。有些出版社给精装书和平装书、新书和再版书同样的折扣，有时还会提供一些特别优惠。一些出版商有时会给再版书更低的折扣，但不允许退货，这对熟悉再版书销售模式及价格的有经验的书店店主是很有利的。初入行者若要尝试这种选择，必须非常谨慎。

开业前的资金预算

按照店铺的面积、租金情况，我们可以做个资金预算。一般来说，开书店要准备的资金包括三方面：一是一次性的固定投入，包括店铺装修、书架制作、营业设备购置等；二是图书的采购资金（商品成本）；三是日常经营费用，包括房租、人员工资和其他开销等。

下面以开一家50平方米的小书店为例，做一下资金预算：

①店铺装修。普通的中小书店，装修每平方米300元足矣。50平方米的书店约需投入装修费15000元。（如果是盘下来的店面，之前的地面、墙壁、吊顶基本可用，可以节约不少费用，或许花5000元修饰即可）

②书架。中档的报价是每个300元。50平方米的书店可放30个书架，共需9000元。

③营业设备。电脑、扫描器、打印机、电话机、传真机等，大约共需10000元。

④首期备货的采购资金。按零售书店的一般情况，首期备货量以每平方米4000～5000码洋（定价）为宜。开一家50平方米的书店需要备货20万码洋以上。正常新书的采购折扣平均为60%，那么需要首期备货资金12万元。（如果在供应商那里有关系和门路，能赊到50%的备货，那是最理想的，这批投资将节约至6万元）

⑤房租。房租每平方米不宜超过100元/月，超过这个标准，经营压力会相当大。（当然，如果地理位置特别理想，客流量大，购买力强劲，可以再斟酌）我们就按每平方米100元/月举例接着算——50平方米的店铺，每月租金5000元，得预备5个月的，共25000元。

⑥人员工资。50平方米的书店要4个店员，每人每月平均1500元，预备3个月，共18000元。

⑦其他费用预留。如水电、通信、公关、物流等费用，每月预算2000元，预备3个月，共6000元。

如上所述，开这样一家50平方米的小书店需要筹资203000元。当然，如按上述装修与首期备货最节约的状态，只需筹资133000元。其他几项精打细算的话，还能够低一些。但需要指出的是，开业前资金储备还是要尽可能充裕，避免意外情况如赊销催款等造成周转困难，以保证日后的经营顺畅无碍。

一个书店的日常经营项目包括房租、人员工资和其他费用，假设每月

房租5000元，人员工资6000元，其他费用2000元，合计13000元。

按一般图书零售的平均毛利率30%算，书店每月需要销售43333元实洋图书，即每天销售1444元才能够达到盈亏平衡点。

（注：毛利率=（销售收入-销售成本）÷销售收入。假设一本定价10元的图书，采购成本为60%，销售折扣是90%，毛利率是（9-6）÷9=33.3%。平均算来，一般图书的零售毛利率为30%）

以上只是个案，但大体计算方法都差不多，因此，开店前一定要精打细算，不打无准备之仗。

中小书店多大规模合适

书店的经营有着零售业内在普遍规律和书店所具有的特性规律，掌握得越多，开书店越能得心应手。不管是做什么投资项目，都要考虑开始切入的时候做多大的规模，开书店也一样。那么，打算要开一个书店，招聘多少员工适合？做多大的规模合适？这些都是创业者要了解的。

1. 招聘多少员工合适

对于准备招募的职务和人数要先确定，通常是以书店的营业面积除以约40平方米，所得到的数字为书店人员的总数，再明确各级人员的任用条件和人数。

比如，100平方米的店面一个班2～3人，领班可以上正常班，比如从10点到晚上8点，如果收银台书架之间没什么障碍，整个店内没有挡住营业员视野的地方，书店人员可少一些。

2. 确定开店规模的 3 个因素

①这个规模在市场上应该有竞争力，能满足潜在读者的需求。

②投入和产出最匹配，能使投资效率最大化。

③投资者的财力情况。

首先，要考虑书店在市场上的竞争力，也就是说这个书店将来和当地市场其他书店相比，在规模上要有竞争力。规模太小，能存放、展示的图书品种受到限制，和大的书店相比就显出劣势。不仅在品种上，在客流方面也会受到影响。

因为来书店的顾客一般有两种人：一种是有目的而来，但这部分顾客只是少数，也许不超过 20%；另一种是热爱学习、有阅读兴趣、喜欢来书店的读者，但来之前只是想看看、逛逛，并没有明确的购买目的。这样的顾客在逛书店的同时如果看到了满意的书，价格也合适，就会产生购买的动机。这部分顾客占书店顾客的大多数。

因此，如果一个书店在当地与其他书店相比规模小、品种少，对于喜欢来书店的读者来说缺乏吸引力。因此，即使书店有好书，读者也没有机会发现，丧失了销售机会，竞争力就弱。所以，要吸引更多的顾客来书店，有更大的规模是占优势的。

3. 书店的规模多大合适

根据专业人士提供的走访、观察无数书店，以及与许多书店老板的探讨，总结出比较理想的书店规模应该符合下列条件：

①在乡镇，你是最大的书店。

②和当地的书店比（包括新华书店在内），在县级市最好在第二、第三名。

③在地级市的店，规模排名要在第三、第四名。

④在省会城市，规模最好在60～120平方米。因为省会城市的中小书店主要不是凭规模竞争。

⑤一般情况下面积控制在60～150平方米。

为什么会有这种结论？

因为对全国300多家书店进行过调查，发现效益好的书店规模都在60～120平方米。那么，规模不在这个范围的是否就不合适呢，也不能一概而论。

在对这300多家书店的经营情况调查中发现，面积在30平方米以下的和超过350平方米的，经营情况都不大理想，亏损的店多是店面面积在30平方米以下的和350～500平方米的。

为什么会有这种情况？正如开餐馆，一个很小的餐馆，只有两张桌子，但是同样需要厨师、服务员，需要锅碗瓢盆，需要缴纳各种税费和管理费，需要付出其他各项开支，收入就靠这两张桌子所能容纳的顾客带来的销售收入。假如还是这个餐馆，在成本不变的前提下，增加两张桌子，也是可以运转的。那么，这个餐馆销售收入就有翻倍的可能。

同样的道理，30平方米以内的小书店，即使小，开书店的基本项目和开支都不能少。这样，一个45平方米的书店和一个30平方米的书店相比除了房租会高一些外，其他的成本并不会有明显的不同。所以，小书店单位面积成本高、销售收入少是规模不合适的原因。

那为什么350～500平方米的店也不合适？因为在书店众多的零售市场，350～500平方米的书店既不能上规模，也不便于做特色，只能综合经营。相对于大书城和特色专业店来说，这些书店缺少吸引力。还有一个原因，350～500平方米的店和一个150平方米的店相比，虽然面积增加了1～2倍，但是从实际销售上看，并不成比例，也就是说平效（终端卖场1平方米的效率）差距很大，从投资上来说是不合算的。所以，350～500平方米的店是否合适还要认真研究。

当然，书店的规模不同，投资成本也不同。在考虑什么规模合适的前提下，还要考虑最根本的问题，这就是投资人的资金实力。

如果只能根据资金实力情况来选择开店规模，而这个规模又没有竞争优势怎么办？开书店有句行话："大书店做规模，小书店做特色。"千万不要书店虽小却什么品种都做，结果变成了"什么都有，什么都无"的书店。书店规模小，就要用特点来竞争，也可以说是错位经营。

在资金实力具备的前提下，就要考虑投入产生效益的最大化。假如在某个地方开书店，60 平方米的月销售额 4 万～5 万元，而 100 平方米的也是这个数字，那么多出 40 平方米就是不合适的。即使 200 平方米的能达到月销售额 6 万元，但 60 平方米的能销售 4 万～5 万元，显然 200 平方米的书店投资效益比 60 平方米的书店低。

开家小书店应注意四点

想开一家赚钱的书店，务必先把手续办理齐全，以便排除日后不必要的麻烦。其实开家书店的手续并不复杂，如果开的是零售店，则要首先去所在区文化局申请"出版物经营许可证"，然后去区工商局办理营业执照。现在有的省市的区县直接就可以办理并联审批，即可直接在工商局办理许可证和营业执照，没有什么大问题的话，一般在 5 个工作日内就可以完成。如果要同时卖光碟的话，就必须再去文化局申请一个"音像制品经营许可证"。其他的手续和普通零售店没有区别。其次，经营者必须通过"出版物发行职业资格考核"。

现在看来，私人开书店经营好的还是比较少。其实不是开书店不能赚钱，而是懂书店经营之道的人不多。所以，开家小书店要注意以下 4 点。

1. 书店定位

书店的定位最好比当地文化氛围稍高一点，这样读者会欣赏你的书店。定位太高，读者会离你远远的；定位太低，读者会不理你。比如店堂音乐，一定要是轻缓的，最好是世界经典名曲。

2. 开特色书店

很多老板虽然开店卖书，但却不知道自己该卖什么书，能卖给谁。结果只有几本文艺书、几本学术书、几套辅导教材，再进几本畅销书充充门面。这样的书店没特色，没优势，怎么能留住顾客？所以书店开得比较成功的，都有自己的独门“秘籍”。或者靠低价，便宜但实惠，对于已经成为商品的书来说，物美价廉永远会让人蜂拥而至；或者靠个性，服务特别，你给特定的顾客提供了他们在其他书店享受不到的服务，也是一种比较有效的方式。

3. 注意购书环境

不要以为书上架就可以了。实际上，买书看的人，不光是要买书，更重要的是要一种氛围，一种交流。比如，书店能给顾客提供独到的推荐，或者买书者能在书店和老板交流一些心得。书店只有出众，才能吸引顾客。

4. 成本控制

为了降低成本，可以租前店后住房的商铺，每月租金也就2500元。书店的装修简单为主，素墙，普通书架，简易书桌，5万元左右就可以了。书店的两侧墙是一溜到顶的书架；在原来砌墙的地方，见缝插针再添几排窄书架；中间则摆几张简易的大书桌，3米长，1.5米宽，下面堆满备书。

目前，有著作权的新书，价格一般按以下比率分割：作者，10% 甚至更少；出版社，40% ~50%；剩余的 40% ~50% 都属于流通渠道。没有著作权的书，进价更低。因此，如果直接从出版社进滞销的库存书，进价往往只要定价的两成，甚至更低。

开业策划及准备工作

新鲜事物，都有一个让人了解、熟悉、亲近它的过程。新书店开业时，也需要策划一系列活动与宣传，使尽可能多的本地区读者知道这个书店开业了，另外店内也要做好充足的准备。

1. 常见的开业活动与宣传

①在当地的报纸或其他媒体（如电视字幕）上刊登广告，精心准备广告内容。不过在大都市，报纸等媒体的广告费用太高，这一项比较适合中小城市的书店尝试。

②在当地各个网站、BBS（电子公告牌系统）上发布“××书店”及其独特之处的帖子（有条件的话，开个博客也不错），这些站点上有大量的本地网友访问，他们了解此信息后，有可能会去你的书店逛一逛。

③向附近地区的有效人群派发书店开业的 DM（快讯商品广告，如宣传册、传单等），DM 的内容可与广告一样。

④若能印制内容精彩、设计典雅的图书优惠手册，那就更好了。向附近重点单位（如写字楼、院校）派送，告知目标读者本书店的开业时间。

⑤在书店内举办系列开业特惠活动，如开业全场××折，免费获得书友卡（打折卡），免费赠送《中华读书报》，等等。

⑥如果有机会，请名人、名家到书店来举办签名售书、学术讲座或是

读者见面，就更容易制造轰动效应了（这一项只适合面积较大、有场所的书店）。

2. 店内的准备

开业前，店内的准备应注意以下几个方面：

①证照是否办齐——“工商营业执照”（到所属区工商部门办理）、“税务登记证”（到所属区税务部门办理），特别是“图书经营许可证”（到当地文化或新闻出版主管部门办理）。有些地区还要办理“消防合格证”（到当地公安或消防局办理）。

②营业设备是否备妥——电脑、扫描器、电话、传真机、收银柜、验钞机、塑封机、包装袋、票据、印章等，电脑还必须安装专业的零售书店管理软件（如广智、益华等）。

③门店布置是否妥当——内外装饰、书架摆设、盆栽，悬挂的POP（卖点广告）、海报，等等。

④人员培训与演练——对店员进行一些业务培训和演练，预演顾客购书全流程，对导购、查询、找书、收银、电脑操作、上架添货等环节细致入微地演练，以便提前发现问题。

⑤开业仪式的准备——悬挂横幅，摆放花篮，允许的情况下燃放鞭炮（有条件的还可请嘉宾剪彩，争取媒体对开业进行报道）。

3. 其他开业前的准备工作

一是动手前，最好可以观察一阵子，从同行（如本地的书店和全国性的网上书店）、上游（如本地的图书批发市场）、专业媒体机构（如《中国图书商报》、开卷图书研究所）那里，可以了解到近期真实的图书动销情况（排行榜和常销书目）。动态掌握得越多越好，磨刀不误砍柴工。

二是尽量选各类别权威出版社的出品（略举几例供参考）：

①文学类——人民文学出版社、作家出版社、上海译文出版社、译林出版社、花城出版社、长江文艺出版社、湖南文艺出版社等；

②社科类——三联书社、商务印书馆、中华书局、广西师大出版社、新星出版社、中国社科出版社、上海世纪出版社、上海古籍出版社、辽宁教育出版社、岳麓书社等；

③经管类——中信出版社、中国人民大学出版社、清华大学出版社、中国财经出版社、机械工业出版社等；

④艺术类——山东画报出版社、陕西师大出版社、人民美术出版社、河北教育出版社等；

⑤少儿类——中国少年儿童出版社、童趣（人民邮电）出版社、上海美术出版社、新蕾出版社、21 世纪出版社等；

⑥生活类——中国轻工业出版社、中国纺织出版社、北京出版社、南海出版社等；

⑦外语类——外研社、外文社、上海译文出版社、华东师大出版社等；

⑧教辅类——高等教育出版社、龙门书局出版社、东北师大出版社、黄冈出版社、海豚出版社等。

三是“80/20 法则”。20% 的畅销品种，可能产生 80% 的销量，那些确定畅销的新书你要快速、频繁地进货，以便抓住销售潮头。同时，80% 的品种要选那些常销书，虽然它们可能只产生 20% 的销量，但一样需要精挑细选，因为它们才是销售金字塔的塔基。

开书店要做好的七项工作

要想经营好书店，必须做好以下 7 个方面的工作：

①采购图书时，要严格遵守以下采购原则：较新的产品优先采购；作

家或图书本身的知名度高的优先采购；图书出版质量好的优先采购；品种齐全的优先采购；折扣低的优先采购。

②要根据书店所在地段的读者特征，确定所经营图书的种类。总之，你的书店一定要有特色，不能什么书都卖。

③书店的进货渠道通常有三种：出版社、图书批发市场和民营图书公司。这三种渠道对书店的要求是不一样的。出版社的供货对象首选新华书店，对民营书店的供货比较谨慎，民营书店只有具有一定的规模和口碑，才能得到新华书店的支持；图书批发市场对于实力较小的书店来说是条捷径，其进货、调货、退货都比较方便，只是在折扣上比较吃亏；民营图书公司的折扣虽然非常优惠，但是可以选择的品种少，货源也不稳定，而且每次拿书的起点至少100本以上。书店最好是多管齐下，与这三种渠道都建立密切的合作关系，根据市场行情和自己的实际需要进货。

④要站在买书人的立场上去经营书店。只有用买书人的眼光去观察书店，才能敏感地发现种种问题。

⑤书店一定要有自己的网店。这样就可以让书店突破地域限制，拥有更多的顾客。

⑥要为读者创造良好的读书环境，让买书的人都放松地读书。比如，可以把咖啡厅和书店开在一起，让买书的人可以一边喝着咖啡，一边看书。

⑦可以在书店定期举办沙龙和讲座。沙龙可以围绕着某一个话题，凡是对这一话题感兴趣的人都可以参加，讲座则可以针对某一本新书的内容展开。

经营书店的十大误区

无论你是要经营万平方米以上的图书大卖场，还是打理一家仅有几十平方米的中小型书店，从采购、储运到营业都存在着一定的误区。这些误区虽然不一定影响到书店的存亡，但了解这些误区对书店良好业绩的取得不无益处。

1. 规模大就一定赚大钱

其实，书店赢利的多少与书店的规模并没有直接的关系。大书店的运营是商业界一项十分复杂的系统工程，需要不同于中小型书店的人力资源、运营成本、管理手段等一系列条件来支持。对于经营大型书店，目前国内还没有一个完整的成功模式，失败的案例倒是出现过几综。开办大书店需要具备很多基础条件，大书店或许会赚取更多的利润，但不一定就能赢利。

2. 客流量增加，销售额就一定会大幅度增加

从商业的角度来说，客流量是书店保证经营收益的先决条件，但客流量越大是不是销售额就一定大呢？对不同营业规模的书店来说，都有一个不同的最佳客流量，超过或低于最佳客流量的峰值，书店的销售额都会出现不同程度的降低。没有哪家书店销售的图书是独一无二的，读者有多种多样的选购图书方式，书店环境虽然不是影响读者选书最关键的因素，但只要有可能，读者都会首选到那些能够让自己舒心的书店选购图书。毫无疑问，书店的客流量过大，一定会给购书环境带来各种各样的问题，一定会损失掉一部分读者。

3. 中型书店最适合图书市场需求

在图书零售领域，中等规模的书店一直是一个奇怪的现象，有些人看好中型书店的前景，而有些人则认为中型书店是一个“短命鬼”。我们没有找到中型书店前景大好或糟糕的理论依据，但从目前各中型书店的经营情况来看似乎不是很理想。中等规模的书店有它的长处，但它的局限性似乎更多一些，仅从图书品种上来看，就存在着很多技术性的难题，全品种图书经营卖场营业面积不够；几类单品尽可能全经营又不能满足众多读者需求。

4. 连锁书店就是有优势

书店连锁的目的是为了增强品牌效应，扩大销售网点，降低成本，获取更大的利润，但眼下国内的一些连锁书店好像并非如此。可能是连锁书店自身对书店连锁意义的误解吧，我们在图书零售领域实际见到的连锁书店，其营业状况并没有因为书店的连锁经营而有多大的改变，一些书店的现状好像比连锁前的情况更糟一些。我们接触了一些连锁书店的经营人士，也实际考察过很多全国各地的连锁书店，感觉在图书需求区域性极强的今天，连锁书店仅仅是在图书采购方面就会遇到很多难以逾越的问题。

5. 赊销是最好的经营方式

可能是图书销售市场的疲软，也可能是出版领域的产品过剩，现在书店与出版人之间的产品供求关系，大多是赊销合约。赊销能够给书店人带来最小的经营风险，同时也使得书店人的采购水平渐渐降低，对那些全品种经营的大型书店来说，采购水平的高低短期内不会直接影响书店的销售，但对中小书店来说，低水平的图书采购可能就会直接影响书店营业收入的多少。赊销是书店一种保险的经营方式，但绝不是最佳的经营手段，特别是对那些有销售渠道和销售能力的书店来说，采取低价格的包销等一些经营方式能够赚到更多的利润，当然与此同时也要承担相应的风险。

6. 优雅的书店环境会吸引更多的读者

就国内商业的零售环境来看，图书零售领域的卖场环境是属于最差的那一类。不过，最近一些书店整体或局部在卖场环境上做了一定程度上的装潢，书店环境漂亮了，但这些书店的营业状况实际上并没有大的改观。良好的书店环境的确能提升营业收入，但装潢始终是为图书、为读者方便而做的工作，如果偏离了装潢的目的不但不能取得预期的效果，反而直接增加了书店的运营成本。

7. 管理经营的概念不适合目前国内书店现状

在与很多书店店主的日常交流中，谈到国内图书零售领域最薄弱的环节，我们始终认为管理经营是书店做得最不理想的事情。无论是超大型书店，还是中小型书店，在实际经营过程中经常出现一些本可以避免的问题，特别是在书店管理科学化、经营市场化程度越来越高的今天，如果轻视管理经营在书店运营过程中的重要地位，结果常常是使书店陷入困境，甚至导致书店灭亡。

8. 大投入可以带来高额利润

图书行业有不同于其他行业的特殊性，一些业内人士和一些业外人士认为大量的资金投入，就可以带来高额回报。我们不能说这种思想不对，但不一定正确，近两年相继倒闭的北京知道图书广场和北京百荣书店就是最好的例证。在图书出版领域、图书城的建设、发行公司的成立等方面，都发生过大量资金投入，却血本无归的惨痛事件。

9. 小书店不需要严格的财务制度

很多小书店在实际经营中基本上没有财务制度，不管书店里的工作人员是一家人还是聘用的人员，很多书店都出现过各种各样的财务疏漏，本来是赚钱的小书店，结果造成有限的利润流失。小书店虽然没有必要制定完整的财务制度，但营业货款的进出还是需要精心打理的，不然忙碌的最终结果可能是蚀本无利。

10. 合作经营潜力无穷

可能是为了谋求更大的发展，可能是为了规避经营风险，也可能是为了渡过不景气的书业难关，合作经营已成了时下很多书业人士热衷的话题，有民营书店与国有书店的合作，有民营书业人士之间的合作，有国内书业与国外书业的合作等形式。书业的合作经营就一定具有潜力吗？实际情况并非如此，由于种种原因，近些年我们见到了一些成功的合作典范，同时也看到了很多合作失败的惨痛案例。合作无非是书业经营的一种方式，但绝不是成功的制胜法宝。

加盟连锁书店并非不可以

通过前面的叙述，我们可以了解到，开一家书店是比较辛苦的。因此，如果你冲着轻松发财的梦想，要去开书店——无论是独立开，还是加盟连锁书店，最终失望的可能性都极大，除非你有特殊的销售渠道。

如果你是真心喜爱书籍，特想开一家书店，把它当作工作一样谋生、过活，只是你不太了解书店经营的细节，尤其是对进货、退货等渠道没有把握，那么加盟一个知名的连锁书店，或许是条捷径。

毕竟，品牌、渠道、经验、管理、制度，甚至设备、装修、促销活动……这些都是可以成功复制的。像美国最大的连锁书店巴诺（Barnes & Noble）就有不少成功的加盟者；中国台湾的金石堂书店、大陆的光合作用书房，据说也有不错的加盟者。

如此看来，加盟连锁书店是否对你有利，关键的因素也就在于以下几个方面：

①它的品牌知名么？知名品牌可以给我们带来更多慕名而来的客流，在发展会员等方面也有好处。

②它能够提供进货、退货的保障么？连锁书店的总部最起码要起到一个合格供应商的作用。同时供应图书的定位是否符合你的口味？你是要开一个人文书店，还是要开一个大众书店，抑或一个教辅书店？

③它有没有成功的“样板店”可供你复制经验和管理？它只有开得好自己的“样板店”，才有资格帮助别人开店吧。

④有没有先行的加盟店可供你考察情况？如果没有，你敢做第一个“吃螃蟹”的人吗？

⑤它的资料上是怎么说明加盟步骤与优势的？它的加盟合约如何规定双方的权利与义务呢？你去现场了解一番，回家再核算一遍，逻辑和数字自会告诉你合情合理与否。

最后再从媒体或网上搜索一下，看看这个连锁书店的历史与信誉，你就可以做出理性的判断了。

开一家适合的特色店

现在开书店能赚钱吗？其实开书店能不能赚钱完全是我们说了算。想赚钱就要标新立异，有特色就不怕没钱赚。

1. 开一家休闲书吧

休闲书吧集图书馆、书店、茶馆的优点于一身，可以让人们在喝茶聊天的时候翻翻时尚杂志或流行小说，也可以让人们在舒缓的音乐中忘记工作的疲劳和学习的压力，放松身心，同时也是交流、聚会的好地方。开一家休闲书吧要求并不高，现在国内有众多类似的书店，经营情况都非常好。

开休闲书吧不需要太大的投入，门面面积在20～40平方米即可，因消费者以学生和白领为主，服务价格不宜过高，同时租金不要过高，最好选择在文化气氛比较浓厚的大学区或商业区周围。

在突出书店的个性方面，店门口可以布置些画展、专题展、考研资讯通报、新书海报等，给人一种十分热烈的气氛。

书吧的特色必须在服务中体现出来，比如，在提供饮料、水果、点心等收费服务的同时，每位读者只收取10元左右的费用，还可为读者提供售书、订阅等服务。读者在翻看书籍之余，一定会有一些想带回去细细阅读，因此看好了再买，可以让读者买到最满意的书，既节省了他们的开支，也为书吧培养了潜在客户。此外，书吧最好及时收集各种畅销书的书讯，有条件的话可以编制畅销书排行榜，为读者提供信息。

为了培养稳定的客户群，可以推出读者会员卡，持有会员卡可以享受购书优惠，可以在保持书刊整洁的同时免费借阅图书，或者年底享受相应的赠阅优惠等。

休闲书吧一定要注意店面的文化气息。买书的人看重的不只是书籍本身，还有书店的气氛和心得交流。如果没有特殊的服务如文化交流、名人座谈等吸引人气的活动，价格上又没有优势，就很难做得很好。

2. 开一家特价书店

一般的书都要十几元、几十元，而在特价书店里，普遍都只要1~3折就能买到。这种价格对爱书的人极有吸引力，真正做到以特色取胜。特价书店里也有大量的精品书和畅销书，而且非常便宜。我们说的特价书不是旧书，而是和各大书店里一样的新书。我国的出版业由于题材重复等多种原因造成国内的出版社每年都会新增数千万码洋的库存。出版社在处理回收资金时，常常会以低于印刷成本价的价格处理。这些书大多是畅销书、好书。

特价书的主要购买人群分为以下几类：当地的知识阶层，即公务员、教师、学者、医生、离退休干部等；大、中、小学生，文学爱好者；淘书、收藏爱好者。

开一家特价书店的经营模式如下：

①抓采购。采购可以采用两种形式：一是纯粹的供求关系；二是建立长期友好的合作方案。采购要注意：质量要上乘；品种上应保持多样性。

②抓销售。经营特价书也应经营小部分新书，新书以辞典类和社会畅销书为主，并按八折优惠销售。零售特价书按5~6折销售，给推销员或学校则按四折或五折销售。亦可出租书籍，每本每天租金以1元为宜。

③抓管理。要办好特价书店，抓管理也是十分重要的。首先，要聘用素质较高的人员，通过员工的优质服务赢得顾客。其次，制度要健全，做好盘点及各种情况记录及宣传广告。最后，还可通过电话、书信等形式加强与客户和推销员的联系。

3. 开一家母子书店

你肯定熟悉儿童书店，但是不见得熟悉母子书店，甚至从来就没有见过这类书店吧。这种书店可采用“地铺书店+网上书店+读书俱乐部”三

位一体的经营方式运营。也就是说书店的经营包括书籍零售、图书租赁、图书银行、图书寄售四种方式。“母子书店”专门销售幼儿教育、儿童文学、小学教辅、才艺兴趣、智能训练、父母读物、家庭综合等方面的专业书籍和音像制品。

开一家母子书店的经营模式如下：

①书籍零售。可销售儿童读物、早教教材、儿童食谱、孕婴保健等专业书籍。

②书籍租赁。买书不如租书，可以不再为只看几天的书而掏几十元了，可让教育成本立即节省10倍，是家长们愿意采用的形式。

③书籍银行。闲置书不再是累赘，寄存在书店，既节省空间，又赚取利息。

④书籍寄售。把闲置的书寄放在书店里出售，变废为宝，还能把闲置品变成钞票。

开这类书店一定要注意店面的亲情氛围，要有亲和力，店面装修应给人一种温馨的感觉。在选购图书的时候也要注意书的内容和内涵，抓住顾客的特点，以母子特色取胜。

案例链接

精心策划照样赢

在这个上网随手就可以下载几本电子书的时代，开书店还能赚钱吗？现在开书店确实不如以前赚钱，但如果选好店址和图书品种还是可以赚钱的，例如将书店开在学校附近，卖一些教辅材料和练习册等。书店是一种传统的行业，是创业者开店不错的项目，但一些大型书店已经占据了市场的大部分份额，很多人担心现在开书店不赚钱了，其实只要有自己的特点，并且有经营之道，开书店还是有很好的前景的。

老黎一米八的个子，有点胖，给人的感觉很随和，而且穿着朴素，不像个已经拥有百万元家产的老板。

据老黎说，他以前在一家国有书店做营业员。1998年，单位在成都某大学开了一家门市，经过竞聘，他成了这一家书店的负责人。为了显示自己的管理能力和经营水平，他在经营上注重经营品种和服务质量，每一天都要去进货，如果顾客需要的图书暂时没有，自己还会拿现金到别的书店先买回来，然后给客户送货上门。由于服务质量好，老黎管理的书店年销售额达到了100万元，还被单位评为先进员工。

2001年，由于单位改革，人员分流，他主动买断工龄，用买断工龄的10万元在这所大学租了一间铺面，自己做起了老板。老黎说，当时这所大学已经有近10家书店了，竞争十分激烈，如果不下一番功夫，书店运转起来肯定很吃力。他想，要在激烈的竞争中立于不败之地，首先要在经营的品牌和服务质量上下功夫。于是要求采购人员整天待在图书批发市场，只要一看到新品种，立即拿回来上架销售，同时要求门市做好图书的服务工作，做好图书添订工作和缺书登记，并立即通知批发市场的采购员进行采购。凡是顾客购货量较大时，都会主动送货上门。由于服务好，图书到货速度快，老黎的书店一下子生意红火起来，吸引了很多新的顾客。

善于观察的老黎还发现校内的文化用品店生意也很好，于是他又把隔壁的一间铺面租了下来，一半用来扩大图书经营，另一半用来陈列文化用品，经过一番调查，他又从批发市场进了一些笔、墨、纸、砚、电话卡、充值卡、信纸、信封等文化用品。这样不但方便了顾客，而且这两者互为补充，使图书的日销售额增加了一倍多。这一年，书店年销售额就达到了近200多万元，一年下来赚了近20万元。

第三章

好店址带来高效益

开书店是一个很不错的创业选择。经营书店有很多的好处，投资不需要很大，而且货源单一，还可以丰富自己的生活，提高自己的文化水平，何乐不为呢?

开店是为了赚钱，而开一家书店与开一家其他商店没有什么两样，选一个好门面，是最重要的问题，在商铺选址上需要特别耐心、慎之又慎，有一半以上的失败书店都直接源于选址不当，先天不足，很难通过其他的经营手段快速弥补。开书店，选址很重要，只有懂得选址技巧才能让生意兴隆。

分析开书店的商圈立地

商圈立地的选择是开店作业的第一步，也是决定成败最关键的因素。一个管理体系再健全的门市，如果立地条件不好，最终只有关门大吉的命运。反之，在最佳的商圈中，即使管理稍差的店面，业绩通常也能保持不错的水准。

1. 学校、车站商圈不愁没生意

过去，买书的消费者绝大多数是学生，买书的目的不外乎是为了满足升学与考试的需求，故书店普遍开设在学校附近，以参考书为主力商品。比较特别的是，学校课程所必需的文具用品、体育器材、美劳用品等也可以在书店中发现，发展至今日，各地的书店都摆设有上述的各种商品，很少发现有“纯书店”。

寻找这类型的学区书店，读者只要在社区附近的中、小学旁边绕上一圈，大概都可以找到一两家，其书店卖场面积通常不超过30平方米。很多大专院校周边书店，则以大专学生为主要消费者，专业书籍与外文书的比例则比一般书店高出许多，而且书店的家数在持续增加，书店规模则扩充至一百平方米上下。

至于贩售一般各类书籍的书店则几乎都聚集在集交通、购物功能于一身的车站商圈一带。因拥有大量的通勤与购物人潮，车站商圈往往足以容纳多家的书店同时生存，而书店业的集结效应在车站商圈也最为明显，新的竞争者加入后在短期内虽然让周边书店业绩下降，但是也会因此吸引更多的购书人潮，数个月后，整体书街的绩效可能会比没有竞争者时更好。

学校与车站商圈是书店业发展的重心，因为商圈的成熟期较早，业界通称的独立书店或传统书店九成以上都在上述的两类商圈中。

2. 新兴商圈的兴起

随着经济的发展，教育水准的提高，乃至于消费者对高生活品质要求的日趋提升，书店的商圈逐渐发生变化。首先是因为商业与服务业的蓬勃发展，我们先以中国台湾书店业态分析，如中国台北的忠孝东路、信义路世贸周边、敦化南路，台中市的中港、公益路等商业区，出现以上班族或购物人潮为主要客层的书店，以商业企管类杂志、图书为主，加上办公文具用品的商品组合模式成为这类书店的共同特色。

另外，在中国台北、高雄都会区，社区型书店在最近几年成为书店的主要开店目标，主要是因为都会区的上班族为了追求更高的生活品质以及较低的购屋成本，纷纷将住家迁移至邻近市区的乡镇或社区。

此外，部分建筑业者在推出新成屋时甚至会优先规划书店进驻，希望能带动房屋的销售。社区型商圈若结合学校或夜市，加上较低的店租费用，书店的获利经常不逊于前面提到的几个商圈中的书店。而社区型书店中家庭生活用书，儿童、幼教类书籍的比重较高。

目前最受各方瞩目的新兴商圈是购物中心以及大型商场，其可以满足顾客娱乐以及“一次购足”的需求。这类型书店的重心虽然仍在销售商品，但是在卖场设计与商品组合上，则呈现与一般书店完全不同的风格。

以上三种商圈因为处于发展阶段，不确定因素高，书店在投资设立时往往需要较为周全的商圈与立地评估，而连锁书店以其丰沛的人力与物力资源，配合不断累积的开店知识以及早已建立的高知名度，故在新兴商圈中抢尽先机、无往不利，可说是最大的赢家。

3. 掌握商圈动向，寻求发展空间

如何找到合适的商圈相信是准书店店主或想扩充分店的业者非常头痛

的问题。如何能在竞争中生存下来并获得利润呢？其实在不同的商圈中，书店经营的方式一定会有所不同，即使已经成熟的商圈也有可能因为都市建设的影响而改变商店的生态。例如，随着大专院校的改制以及新学校的设立，学区型的书店便可通过调整商品结构或是进占新商圈，借以掌握新商机。

在找到了满意的商圈后，除非有非常优越的条件，不需要担心利润的问题，可以马上开店之外，建议准老板们最好还是先进行商圈的调查与评估作业，以确认商圈是否在目前或可容忍的未来中，仍有足够的胃纳量可以养活你的书店。

书店选址必须考虑的内在因素

书店选址需要考虑很多因素。选址得当，销售业绩自然提升，日后的经营会顺畅得多。但如果没选好，随后一系列的经营活动都可能举步维艰、事倍功半。那么，如何判断一个候选门面是否适合开书店呢？可以从以下几个方面来对候选地点进行考察：

1. 行人流量（以每小时经过这一候选门面的人数进行核算）

通常来说，人流量当然是越大越好。一个能够参考的数字是：在营业时间段内，平均每小时最少600人（也就是每分钟10人）；在上、下班高峰期等特别时段，每小时1200人以上。

同时需要留意人流的速度，假如大多数行人只是步履匆匆地经过这儿，那么这样的人流量是要打折扣的。

2. 行人构造（包括年纪、作业、文化层次等构造）

图书是一种文化商品，它的采购群与日用品的采购群并不完全相同。据《中国图书商报》的一份调查显示，自立购书群体的年龄层为15～50岁，而采购文艺、社科类读物人群的年龄层在25～40岁，大多从事机关、文教、商业等非体力工作。因而判别一个候选门面是不是合适，还有必要估量“行人流量”中年纪为25～40岁，从事非体力工作者占多大的份额？肉眼估量即可。其他方法，如问卷等当然更科学，但实际上的查询难度很大。假如估量的份额在60%以上，即可视为合格。

3. 交通状况

邻近大街，假如有较多条线路的公交车经过最佳，公交车站则离书店越近越好。除了这些，还要进一步调查这些公交线路途经哪些区域和单位，沿途的人群都可能是日后的潜在读者。还要观察出租车、骑自行车或步行是不是便利等。地处深巷一隅，交通阻塞的地址最好放弃。

4. 是不是挨近街道

假如由于某种不便要素，形成行人老是擦肩而过，那是非常可惜的。比如，书店前的路途是不是有隔离带（如绿化带等），横过马路是不是便利，是不是有必要经过天桥；店门离人行道是不是很近，要上多少阶梯，等等。

例如，北京王府井北大街的“涵芬楼书店”，门前的马路上人山人海，可进书店的人却少于通常的份额。先不说其他原因，书店门口那十几级台阶，就让不少人望而生畏。

其他的状况也有值得留意的，如邻近十字路口的店面相对就更好些。

5. 竞争环境

商场如战场，假如在候选门面附近（1000米之内）已经有了成熟的书店，那么在此再开书店势必存在一个与同行抢夺顾客的问题。当现有书店的规划、定位与新书店方案的规划、定位非常相似的状况下，建议另选一个竞争较少的地址，不然将来的拼杀会十分严酷和血腥。中关村图书大厦与第三极书局的对立竞争就是一个很好的例子，其结果是赫赫有名的第三极书局倒闭关门。

但也有成功者，例如几家甚至一群定位各异的中小书店抱团会集，吸引大批远道而来的读者，各取所需，如海淀图书城；再如在大型国营书城的附近开家定位独特的特价书店，借大书城的人流大卖特卖，也是剑走偏锋、草船借箭的路子，北京西单图书大厦西侧就有这么一家成功的典范。

6. 周边氛围

周边的商业街状况如何，对书店的运营也会产生影响，有必要考虑周边店铺的运营是不是与书店和谐的问题。假如其他店铺所运营的行业和书店能相互带动顾客，那是再好不过的。

假如周围是超市、百货、餐饮等就比较好，这些店铺的顾客也可能变成书店的顾客；假如周边店铺与书店不相融，如鞋帽一条街、建材一条街、五金一条街等都是不好的。那些会制造污染、噪声、烟雾、气味、泥沙等使顾客心境不安静的环境就更不好了。

开书店的“黄金宝地”

一般来说，附近有文化娱乐场所、商业写字楼及成熟的住宅社区、大学区、商业区等地方，都是可以开书店的“黄金宝地”。个人创业投资的书店一般规模较小，流动客流和固定客流都非常重要，因此，最好选择社区或大学区周边、车站、快餐店、剧院等人流比较多又背靠稳定的社区读者群体的地方。

1. 学生聚集地附近

开书店最理想的地方要数学校附近了，因为书店的消费人群还是以学生为主。学生们一般去书店的目的就是购买一些自己感兴趣的书籍或者是对学习有帮助的书籍，所以我们开书店要抓住这些学生的消费心理，提供适合他们的书籍。

2. 住宅区地段

如果书店开在住宅区附近的话，书籍的种类应该以家庭娱乐及家庭帮助为主，成为人们节假日休息与下班消费的好去处。在住宅区附近开书店的话，家庭生活方面的书籍的需求量是非常大的，所以种类一定要全。

3. 拐角宝地

拐角通常是非常理想的开店地点，人流汇集于此，一般每天都有非常多的人从这里经过，随时可以产生拐角效应。拐角位置还可以增加图书音像制品橱窗陈列的面积。

4. 三岔路口黄金地段

三岔路口，一般被人们称为最理想的书店位置。如果你的书店开在这样的位置的话，那就尽量地发挥自己的专长吧，在店的装修、店名、招牌等方面进行精心的设计，抓住消费者的心理，吸引过往的人群。

5. 市郊地段

该地段以往被认为是不太理想的开店之地，可是现在由于城市的迅速发展和车辆的大量增加，市郊地段的商业价值正在上升。这一地段书店的特征是，主要向驾驶各种车辆的人提供生活、休息、娱乐的报刊服务。

定位与选址，这是开店首先要明确的问题，同时也是互为依存的两个问题。一般而言，大学区不适合开畅销书店；白领生活区也不适合开学术化的书店；如果书店开设在人口较少的小镇、社区，则必须以该区域人们的图书消费需求来设定书店的经营品种，并在经营的过程中以特色与服务取胜，否则，你的店就会因为缺乏足够的顾客而经营惨淡。

其实适合开书店的位置还有很多，经营者可以根据自己的实力选择适合的位置，从而达到赢利的目的。

书店选址的两大技巧

书店选址要力图选在潜在客流最多、最集中的地点，以便多数人就近购买图书。需要注意的是，客流规模大并不总是带来相应的优势。

如在一些公共场所和车辆通行街道附近，客流规模很大，顾客虽然也可能会顺便或临时购买一些图书，但客流的主要目的不是为了购买图书，同时这里客流速度快，滞留时间较短，所以图书的销售量并不和客流规模成正比。

在店面选择上，书店可不用特别追求店址的人流量大，人流量大但目标群体少也是于事无补，何况商业区的街面房租价格也不菲。个体书店想做大，想拥有气派开阔的营业面积，就必须承担高额的房租，但通常都难以坚持下去。所以说，开一家赚钱的书店，并非一件容易的事，必须先掌握一定的选址技巧。

①大树底下好乘凉。店址选择的正确与否直接影响到了书店未来的发展。同一个行业，同样的规模，同样的服务品质，但唯独店址不一样就会有不一样的经营效果。这种情况在开店创业中是屡见不鲜的。好店址就等同于一处宝藏，店主需要认真地考虑选择，综合种种因素，既要考虑它的安全性、竞争性，也要注意到隐藏的商机，懂得借助他人的品牌效应“捡”顾客。对于创业开店者来说，起初若是不加盟有知名度的商家，选择“傍大款”肯定是最保险的方法。

②要巧于利用自己的特色转化“大款”的优势。“背靠大树好乘凉”，但也并不意味着我们可以一味地坐享其成，我们也要有自己的经营特色。有了前者的支持，倘若自己可以把店铺经营得与众不同，那么获得的收益肯定比一味依靠他人要好。

书店选址的五大禁忌

一个店铺的选址，往往影响着长久的经营，这也是创业筹备的重要性所在。大众整体素质的不断提高，也多少为书店的发展提供了平台。在开书店的过程中，书店选址是一个很重要的环节，一般情况下，下列地点都不适宜开办书店，这也被书业零售称之为“圣经”。

1. 禁忌一：快速车道边

随着城市的建设发展，高速公路越来越多。由于快速通车的要求，高速公路一般有隔离设施，两边无法穿越，公路旁也较少有停车设施。因此尽管公路旁有单边的固定与流动顾客群，也不宜作为书店选址的区域。人们往往不会为购买图书音像制品而在高速公路旁违章停车。

2. 禁忌二：周围居民少或增长慢而商业网点已基本配齐的区域

这种地区不宜作为书店的新店址，是因为在缺乏流动人口的情况下，有限的固定消费总量不会因新开书店而增加。

3. 禁忌三：楼层高的地方

如果书店开在二楼甚至更高层，不仅会因为楼层高不便于顾客购买，而且会因为楼层高开店传播效果较差，导致图书音像制品的销售难以展开。

4. 禁忌四：坡路上

书店设在坡路上，一般被认为是不可取的。然而，总有一些书店会遇到此种情况，因此，如果书店不得不设在坡路上的话，就必须考虑在书店与路面间的适当位置设置入口，以方便顾客进出。另外，在橱窗的位置、通道的安排、商品的陈列等方面，都应当有适当的设计。

5. 禁忌五：路面与店铺地面高低悬殊的地方

道路平面与书店地面高低悬殊时，也被认为是不理想的书店地理位置。但是，在寸土如金的都市中，在地下、楼上的楼层或在有几级台阶的房屋开设书店音像店是常有的事情。遇到这种情形时，对于书店音像店的门面、入口、天花板和招牌等设计安排便应特别注意，既要有利于吸引顾客进入店内，又要方便进入，楼梯、阶梯和门的宽度尤应仔细推敲一番。

选择好店面应注意的问题

店面的好坏影响到书店未来的经营，所以选择好的店面至关重要。在店面的内在条件上，开店人必须对下列要素重点做了解。

1. 面积大小

选店面时，应考虑希望营业的面积与实际面积之间的差距是否可以接受。面积太小会限制所要经营书店的特色；面积太大会造成浪费，虚付租金，日后也会使消费者感觉商品空洞，不够充实。同时还要注意，租用面积和实际使用面积的差距越小越好，有许多高层建筑因公共空间占据太大比例，使得实际使用的每平方米租金上涨许多，很不符合经济效益。

2. 所在楼层

如果选择的店面不是位于一层，那楼层的高度可能会限制消费者的来店意愿。如果要开的是主题书店，这种限制影响是很小的；但如果想开的是一般书店，那影响程度就很大了。另外，也要考虑楼下的营业业种和经营形态对书店的影响。

3. 楼层分割

对书店而言，如果使用面积在1000平方米以下时，尽量为同一楼层，如果分层也不要超过三层，若楼层可以选择，其先后次序为一层、二层、地下一层、三层。因为书店面积不算太大时，楼层分割太多，会使卖场的感觉零散不完整，也会使人有空间狭小的压迫感，而在经营管理成本上，也会有所增加。

4. 建筑结构

建筑物本身的状态往往会影响装潢成本及日后的维护修缮费用。如果建筑物属老旧建筑，首先要了解建筑物本身的安全性，要考虑装潢设计是否会让建筑物不堪负荷；其次要了解它的配套设施是否需要维修或更换，

包括上下水、排污管道、电路管线及电容量的情况等。

5. 内部形状

在内部形状上要尽量方正完整，因为过于不规则的形状，在设计上可能会造成闲置面积较多，无法充分运用在营业面积上，而且容易产生卖场死角，使动线不够流畅，增加巡场的频率，加大人员负荷，商品流失率也会增加。这些都将反映在经营成本上，需要开店人三思。

6. 邻居状况

如果邻近的商业形态与书店格格不入，或多属于夜间娱乐的商业，往往会造成书店经营上的许多困扰，即使花费再多宣传费用也可能是徒劳无功的。

接手转租店面需谨慎

对于准开店人士来说，很多人感觉调查商圈、反复选址等开店前的一些准备工作太烦琐，不如直接接手转租来的店面来得快。殊不知，接手转租来的店面虽然省去很多事情，但一旦掉入陷阱，不仅投资打了水漂，而且还会赔上更多的资金。所以，对于转租的店面一定要谨慎，即便碰到令自己满意的转租店面，也必须注意以下几点。

1. 谨慎对待转租店

我们经常在一些小报中或者商店外面见到各类商店转租的信息。他们大都打着“旺铺转租”的旗号。在选择转租店时，一定不要被这些吸引人的文字迷惑，仔细想想就不难发现：这家商店的生意不好做，经营者急于脱手。

有一位想开书店的年轻人，禁不住广告的诱惑，受让了一家书店。事先几位朋友都劝他要慎重，他却孤注一掷。结果一败涂地，后来才幡然醒悟，悔不该当初。

有的商店转让时看上去生意红火，其实是虚火。有一老板在某小区门口开办了一家建材店，他预测该小区居民装修已接近尾声时，就打出了低价转让的招牌。看到他生意那么红火，一时间许多人纷纷求让，几位老板甚至为这个店面争得不可开交。经过激烈角逐，最终名花有主，低价转让实际上成了高价卖出，仅转让费的利益，就相当于平时开店好几个月的利润。毋庸置疑，吃大亏的当然是那些受让者。

当然，也有一部分店面确实是店主迫于客观原因才转让的。但到底是虚火还是红火，就需要用你的火眼金睛去洞察了。如果你深谙这一行，有自己独到的经营思路，并有一定的经济实力为后盾，那么不妨受让商店，使濒临倒闭的商店起死回生，说不定还真能抱个金娃娃呢。

2. 接手转租店面的注意事项

①在和转租人谈判时，不要轻易相信转租人生意之外的理由，贸然接手转租店是极其危险的。不管转租人所说的转租理由是什么，你都应设想他们是因为经营失败而转让的。

②找出导致他们经营失败的原因。如果你对接手这家商店有兴趣，就要通过实际调查分析，从中找出到底是什么因素对这家商店的经营起了抑制作用。原因肯定是存在的，通过自己的观察，走访原来的员工、附近居民及同行，不难得到实质性的答案。不查明真正导致转租的因素，不加以任何改进，以为接手就可经营，就指望商店带来利润，多半会重蹈别人的覆辙。如果真的找不到什么原因，不如放弃。

③如果你要整体接手积压货物较多的店，最好核实一下存货的具体价

值。这些存货肯定已不具有原来的价值，甚至可能是一文不值的死货，不要以为转租方大降价你就占了便宜。存货太多，既占用大量流动资金，还有可能全部砸在你的手里，极有可能因贪图小便宜而吃大亏。

④如果你确定已经找到原因，不管你改不改变原有的经营行业，你都必须在经营上重新定位。

租铺谈判与租赁合同

1. 租铺谈判的注意事项

在初步选定开店的地点后，还应做进一步的全面考察，对相关的情况做一定的调查分析后，方能决定是否最后在这里租铺开店。如果你选定了这家店铺，那么在与房东谈判的过程中要注意以下事项。

（1）房租价位谈判

房租对每一个开店的人来说，是最敏感而又最现实的内容。说它敏感，是因为它和钱挂钩，租金太高会让你负担不起，一分钱一分货，太低又找不到好店面。说它现实，是因为这是我们不得不面对的问题，除非你不开店，或者自己有店面。而大多数情况下，开店都得租用店面，那么和房东讨价还价就不得不摆上开店的议事日程。在与房东砍价前，你自己心里首先要有一个谱，也就是先自定一个能够接受的最高价，这个价位必须是：你觉得自己有实力负担得起；在这个价位下，估计有钱可赚；向附近类似的门面打探一下，价位是否基本一致。在和房东谈判时，根据你设定的最高房租，比较房东给出的房租，权衡后进行讨价还价，这样才可以得到合理的价位。

（2）缴付房租的方式谈判

通常情况下，缴付房租有按月结算、定期缴付和一次性付清三种方式。按月结算房租，能及时结算，以免拖久了增加计算难度，而且双方都会满意。有的店面定下的是一年或两年的租金，如果你要续租，往往要按一定的比率逐年递增。这种情况下最理想的付款方式是每半年或一年付款一次。如果你有了新的店面或想停租时，就不会损失保证金。还有的店面是长期租的，一租就是十年二十年。对于这种店面，你不仅要调查好政府规划与政策，还要预计这个店面以后的发展潜力。因为从长远看，门面的房租总体是呈上升趋势的。如果你有足够的资金，同时也看好这个店面，你可以一次性将房租付清。也有一些房东除了要支付固定的月租金外，还要根据你的经营状况分享一定的利润。如果房东提到这一点，而你也愿意，双方要把它作为重点来谈判。因为这其中有许多不确定的因素，处理不当，会引起纠纷。

（3）其他条件谈判

与房东谈判，除了谈租金和缴付方式外，还要注意附加条件，这可以使你节省不少开支。很多店面出租，房东都要求支付押金，你在谈判时应尽量说服房东免付押金。一些黄金地段的店面押金通常很高，虽然这钱最终还是你的，但对于一个资金紧张的创业者来说，这也是一个不小的包袱，如果谈得好，完全是有可能卸掉的。

另外，你在租房前对店面现有情况应该了解清楚，如装修状况、设备状况等，然后通过谈判，最好要求房东在出租前对门面进行基本的整修，拆除原有已经报废无法使用的设备，对店面的房顶、地板、墙壁尽量做一些维修，添置水电设施等。

2. 避免租赁合同陷阱

在承租铺面时，可能面临许多不可预测的因素，假如出现这些因素而

导致铺面无法经营下去，而租户未在合同中约定此时的合同解除权，就得继续支付租金，承受损失。为避免这类陷阱，铺面租户应争取在铺面租赁合同中载入下列条款：“承租方在出现下列情形之一，无法继续经营时，有权通知出租方终止铺面租赁合同，并不赔偿出租方的损失：出现战争、地震、台风、雷暴、城市暴动等情形；政府决定拆迁铺面；政府在铺面前50米内、左右两边各200米内修路、改路、扩路、建桥、整治市容或其他政府行为；承租方因经营不善严重亏损达三个月以上。”当然，要进一步避免因上述情形造成的铺面装修费用的损失，还必须预先调查清楚。

订立商铺租赁合同还须特别注意以下几点法律问题：

①承租人的主体资格。商铺作为不动产，其出租人必须是商铺的所有权人或者使用权人。若是所有权人，应依法取得房地产权证；若是使用权人，应有合法租赁凭证及允许转租的书面证明。另外，房屋有共有人的，还须经过共有人书面同意。

②租赁屋的用途。租赁商铺必须确认租赁屋的用途。租赁屋用途须为商业用房，否则，无法办理营业执照。

③租赁期限。根据《中华人民共和国合同法》第二百一十四条的规定，租赁期限不得超过二十年，超过二十年的，超过部分无效。

④转租。因商铺经营风险较大，故在经营状况不佳时，可能会涉及将商铺转租的问题。出租人是否允许承租人转租，应在租赁合同中予以明确。若承租人未经出租人同意转租的，出租人可以解除合同。

⑤装修补偿。首先，出租人与承租人应在租赁合同中明确出租房屋能否装修；其次，双方应约定，在租赁期结束或因其他原因解除租赁合同后，对装修如何进行处理。在对装修处理方式未作约定的情况下，若出租方违约，致使租赁合同解除，出租方应赔偿承租方装修损失；若承租方违约，但装修对承租方确有用处的，出租方亦应对承租方适当补偿。

⑥租赁合同登记。在租赁合同成立后，合同当事人应将租赁合同送至

房管部门登记备案。未经登记备案的租赁合同亦是有效合同，但不具有对抗第三人的法律效力。

租金是否合理

门面的租金低，风险就小，谁都希望如此。但不要进入误区，以为租金越低越好。其实，门面租金的高低通常由其环境、位置和整体市场行情所决定。地段好，租金自然高；租金低，地段通常也不好。

同时，图书还有个特性，它有明确的定价，一般无法超出定价卖，所以利润空间没有太大的弹性。租金高到一定程度，人流再多也无济于事。这是卖书和卖服装、卖餐饮等最不同处之一。因此书店的选址还需要在地段与租金上找到一个平衡。

如何判断与取舍呢?

首先，进行横向比较，和附近或者条件近似的店铺比较；正面、侧面，想办法托朋友搞清楚周边类似店铺的租金情况，从而了解这个候选店铺的租金是否被人为抬高了。

其次，进行纵向比较，最好可以查到这个店铺以前的租金情况（如请房东出示以前的租金收据)，了解此处租金的历史情况。

最重要的是，可以按租金粗略推算出书店未来的盈亏平衡点。根据一般书店的经验，房租通常要占到日常经营费用的40%左右。未来的盈亏平衡点是多少？心中有数的话，对租金是否合理的判断就会明智得多。

最后，还有一个重要问题，现在不少成熟的店铺都需要转让费，对此要特别加以注意。我们租店期满或者中途退租，能否向下家收取转让费?如果能，租房合同里一定要明确这一点；如果不能，那么转让费就是我们完全承担了，日后分担到每个月的成本中去，也就相当于增加了房租。

例如，某个店铺要收 5 万元转让费，租让的期限是 3 年，算下来每个月要分摊 1388 元，这笔增加的费用或许会使我们不堪重负。所以，面对要转让的店铺一定要好好斟酌，租金高低并不是一个重要问题，关键是租金是否合理。

案例链接

“背靠大树”　成功选址法

犹太人有一句生意名言说得好：“穷也要站在富人堆里。”这句话告诉我们在选店址的时候，要尽量将店开在知名同行的旁边，虽然这样竞争压力比较大，但也意味着机会比较大。

小李原本是一家小花店的老板，花店经营得不好也不坏。他一直希望自己能够拥有一家书店，于是他揣着开花店赚来的钱准备进军书店行业。

但在哪里开店，开怎样的书店让小李犯难了。经过一番市场调查，小李决定在某繁华路段的新华书店旁开家自己的书店。这时亲戚好友都不赞成他的这个做法，因为这家新华书店是家老字号，而且装修得体，宽敞舒适，书店内种类齐全，吸引了很多读者前来阅读与购买。面对一个如此具有影响力的对手，小李的做法无异于“以卵击石”。但小李却认为想要开店成功，有时候也需要有种冒险的精神，剑走偏锋，出奇制胜。小李这样做是想通过新华书店的金字招牌为自己吸引到顾客，只要自己在书店的经营上能做到独具一格的话，他的店便能在夹缝中求生存。

小李在他的小店面里先是销售一些过期但可读性比较强的期刊和二手书籍，通过薄利多销的手段吸引了大量的顾客。随着书店的运营走上正轨后，小李开始引进一些可以打折出售的正版图书，同时又以多买多送的手段使得更多的顾客走进他的书店。面对新华书店这样强劲的对手，小李的书店以价格的优势和热情大方的服务态度留住了大量的顾客。渐渐地，小李的书店也闯出名堂，生意也很火爆。他的书店再也不需要靠新华书店的影响力，而是自成一家，以自己特色的经营理念，与新华书店共享了大量读者。

第四章
书店的设计规划

书店是物流的末梢环节，是实现图书商品交易的最终场所，是经营图书的根据地，出现在这里的是人与购书主体最大程度上的重合，因此从传播的直接性、有效性考虑，书店里的设计规划已成为图书零售界共同关注的热点。

店面设计的基本原则

想要开一家赚钱的书店，书店的店面设计很重要。因为书店的设计规划直接影响图书销售，因此，店面设计一定要遵循以下几个原则。

1. 店面设计需要思想先行

书店店面设计需求的提出，是以思想为基础的。一家书店的店面设计，最终体现的是经营者的思想、经营者的理念，包括你想做一家怎样的书店，这家书店与其他书店相比有什么独特之处，这家书店透过设计最终给它的消费者传递了什么东西。上海书城的设计思想，见诸于公开发表的资料，是这样描述的："这个空间不仅仅是销售图书的卖场，而且还是一个充满着人文气息、节奏上不疾不徐、细节上周到细致、能够带来全方位购书享受的空间。"可以概括为：有格调、有层次、充满精神享受。

2. 灯光的设计原则

书店最需要明亮的光照，读者在阅读、选择的过程中，没有足够的照明是很痛苦的。湖北某大型书店，特意告诉设计公司对于灯光的理解，说是"书店要惜光如金，整体光线的朦胧暗合了读者求静的心理"。这家书店开业后确实是朦胧的灯光，还配上沉闷深色的大色块，倒像是开了间酒吧。这是一种没有感觉的设计，体现的是设计思想的严重不到位。

书店卖场灯光的光照度，应达到 500lx（流明值），至少不能低于 400lx，不然，读者用眼会很疲劳。在明亮之外，还要考虑阅读区与休息区、通道灯光强弱的变化、冷暖光的交错。灯光是书店卖场设计的一个关键问题。

3. 书架的设计原则

要想开一家赚钱的书店，那么就不要在书架上省钱。省钱的地方有很多，但书架一定要讲究。一是要用木质书架，不要使用金属或玻璃质地的书架，因为木材有一种亲和力；二是要讲究宽度和高度，书架宽度不宜超过900毫米，高度也要适当；三是要考虑日后的变化与发展。有些书店，将书架按不同区域、不同类别做成不同颜色，这恰恰犯了一个大忌。图书永远处于动态之中，数量的增减不会停滞，色块定死了，变化没有了，市场变，书店不变，看似周到，其实僵化。

4. 通道的设计原则

书店的通道分为主通道、次通道，在一个平面上要通盘考虑，形成回路。计算出可能的客流量，给出主、次通道的宽度数据。不同人口规模的城市，这个要求是不一样的。而书架之间也要表明间距，一般不少于1200毫米，为的是给通过的读者留一个通道。

5. 类别的过渡与隔断的设计原则

不同类别图书的陈列，有的要考虑自然过渡，如经济与法律、哲学与社会学与历史、汉语与外语等之间的自然过渡，在设计主、次通道时应该已经预计到了，以通道的方式过渡是好的办法。而一些类别的陈列，则要考虑与其他类别的隔断，如音像制品、少儿或中小学文教图书，尽可能安置在相对独立的区域。

6. 出版社专架的设计原则

出版社设专架，可能是出版社的一种需要，但不会是读者的普遍需求。读者感兴趣的，其实只有图书本身。读者需要的，毕竟不是特定的某

一家出版社的品种，按类陈列能够给读者一个明确的范围。专架是明显地在替出版社做形象广告罢了。其实，将产品陈列好了，做好了，出版社不会不满意的，尊重图书，也包含了尊重出版社有效劳动的意思。不安置出版社的灯箱广告也是同一个理由。

7. 书店的纯度设计原则

书店毕竟是书店，图书永远是主体，图书的材质可以变，也一直在变，但本质是没有变化的。在目前，音像制品、电子出版物，都可以理解成不同材质的图书。但很多商品，如眼镜、手机、剃须刀、麻将牌等，并不适合在书店销售。真的想多元化经营，宁肯将书店收缩到一个楼面，也要将它做得纯粹一点。

因此，书店在纯度上尽可能的纯一些，不能因为图书不赚钱就大规模去经营其他和图书不沾边的物品，那样的结果早晚得倒闭。所以，在书店设计时，一定把握住纯度。

8. 提示牌的设计原则

在浙江图书大厦的设计过程中，曾组织过员工对提示牌的图案和文字进行讨论和研究，最后在大厦内张贴了两块很有代表性的提示牌：一块是“小心路滑”，没有采用其他商家的通用图案，而是画了一只大象踩在滑板上的卡通形象；另一块是一处较低的楼梯口，“小心碰头”的图案是长颈鹿低下了头，也是卡通画。这是对这两类麻烦充满友善的提示，也表达了谅解的请求。有时候，这样的提示直接反映了书店的定位。

9. 宣传标语的设计原则

在宣传标语的设计上，书店要找准自己的定位，不要扮演教育读者的角色，也不要将自己的想法强加于读者。譬如有一家新开张的书店，大厅内标语口号顶天立地，一会儿说自己有多少多少个“一流”，一会儿表扬自己替当地人民造福了，非常不合适。

10. 书店门口的设计原则

书店门口设计的好与坏，直接影响读者是否愿意进入书店。所以，书店门口一定要整洁、漂亮，特别要突出文化气息。如北京图书大厦，漂亮的门前广场总是吸引着读者驻足进店。

11. 读者休息座位的设计原则

书店应当提供休息座位，但不能过于舒服。因为读者的素质不一，座位太舒服以后，有些读者的坐相难看，不但有损他本人的形象，还会影响书店的形象。此外，在较窄的通道处摆设休息座位，会使通过的读者与坐在座位看书的读者都很不方便，这样的设计需要改进。

12. 背景音乐的设计原则

对于一家书店来说，是否要播放背景音乐，取决于进入店里的读者群体，如何处置背景音乐，要以轻柔、安静为主。如果有些读者喜欢安静，有些读者希望提供背景音乐，那么就要考虑喜欢安静的读者不设置背景音乐。

13. 地砖的光滑度和颜色的设计原则

地砖不能用滑的，在我们测定地砖的时候，那个样板上要穿着硬底的皮鞋试一下，否则书店开业后读者一进去经常滑跤就不好了。还有地砖的颜色，既不能用太沉闷的，也不能用太花哨的，整个书店要有一个统一的设计。

14. 收款台的高度和宽度的设计原则

收款台的高度应该不超过700毫米，收款的过程必须是透明的，让读者看得清清楚楚；至于收款台的宽度，要考虑到读者付款时除了书，手中可能还有其他东西，因此必须有足够的宽度来放读者随手拿的那些东西，尤其是不止买一本书的读者。

15. 购书塑料袋的设计原则

尽量使用绿色的购书塑料袋，比如浅绿色的，可降解的材料，由于现在塑料袋用白的很容易与白色污染联系到一起，因此这方面设计也需要考虑。

书店的设计规划思想是在不断地发展和更新的，细节是在不断地完善的。对于书店卖场的设计，要考虑对读者的个性化需求的满足，还要兼顾到销售高峰时的客流量。因此，对于开书店的创业者来说，设计原则很重要。

如何营造充满文化气息的氛围

一个舒适的购书环境，需要在细节上多下工夫，充分调动读者的多重感官。

读书，人们总会想到安静、知识、文明等字眼。但很多读者表示，现在生活节奏越来越快，静下心来读书的机会和场合越来越少，也许图书馆可以，但总感觉那里多了一丝凝重，少了一份温馨。于是，这一重任就落到了书店的肩膀上。如何把一家书店设计得温馨整洁，充满文化气息，让读者产生亲切感，也是一门不小的学问。

1. 营造书店的氛围

凡是爱逛书店的人，都特别注重书店的氛围，书店要向读者传达出一种轻松自在的信息，并为读者提供一种休闲轻松的社交空间。对于如何营造氛围、布置格局，关键要看是什么类型的书店。如果是市中心的大型综合书店卖场，还是专业一点比较好，社区小书店可在营造氛围上下足工夫。

2. 给读者以私密空间

书店虽然说是开放空间，但阅读又是一种较私人化的行为。因而，在开放空间里为读者营造一定的个人空间，能够给顾客留下深刻的印象，并且博得他们的好感。

很多书店设置了咖啡吧、阅读区，都是在营造私密空间。咖啡吧淡雅的光源和环境布置，阅读区厚实的靠背沙发和树状的绿色植物，不知不觉间就为读者提供了“曲径通幽”的雅致空间。有的书店利用沙发的摆放围合空间，设置几个相对独立的阅读区，有大有小，供个性、性别和文化背景不同的读者去选择。

3. 色调要与书店风格相协调

店内氛围的营造，往往依赖于色调的表达。店内色调的选择也要根据书店的风格和理念来决定。

一般来说，书店的色调包括墙、顶、地面、书架、空间、营业员服装等。一个书店，在色彩设计上要有主次，突出书店的主要基调。在书店使用的色彩中，最常见的是凝重的深色，尤其在一些小书店，书架和书台都是深褐色的。小书店的空间不大，而书的颜色又比较杂乱，因此深色掺杂在其中，可以起到稳定读者视线的作用，调节和连接不同的颜色，使之不

至于太过突出。

4. 其他细节的装饰

不讲究细节的书店，即使有思想，也终被干扰和损坏。

通常情况下书店的细节，包括橱窗、绿色植物、鲜花、装饰画、艺术装饰品等。体积较大的立式绿色植物可放置在墙角等处，不占用太多空间，又能起到美化的作用，书台、书桌上可以摆放较为整齐、占地较少的绿植。书店的装饰画，一般可以根据定位不同采用不同风格，如果是以人文社科书为主，可以悬挂面积较大，有文化感和现代感又别出心裁的装饰画。

还有很多书店，将顾客的留言、便笺、图书资讯剪报张贴在固定的留言板上，旁边放盒粉笔，人文气息便一下子凸显出来，尽管未必会有人真的用粉笔写字。

值得提醒的是，不少书店将很多零碎的小东西放在书架顶上和书店空白处，看似填补了空间，但是杂物只会使该区域显得杂乱无章，不能安抚读者的情绪。

5. 给读者多重感官享受

顾客进入一个书店，除了用眼睛去观察、寻找，其他的感觉器官是否也被调动起来了呢？别忘了，在一个人的感觉中，嗅觉、听觉也一并起到了辅助的作用，有的时候还起着至关重要的作用。

如果一个书店兼卖咖啡的话，那么它的空间里会漂浮着咖啡的香气，这独特的咖啡香，将会成为它被辨识的标志性特征。如果它那充满了咖啡香味的空间里时时悠扬着轻盈而不流俗的音乐，就会使读者对其文化品位有更好的定位。

书架的设计艺术

与图书品种紧密相关的，是书架。书架应与书店的装修装饰相结合，并达到统一。最好是整个书店的装修与书架的设计制作浑然一体，把书架制作成装修的一部分，这样整个卖场中，走廊、步梯、过道、消防通道、不同类别过渡衔接部、展台、展柜、收银台、咨询台、会员中心、大客户室、茶社、读者休息椅才有可能连贯、和谐、自然。

书架的材质应该选用木质，木材中的木素可以吸收紫外线，减轻对人体皮肤和眼睛的危害。木材又能反射红外线，对光线还具有漫反射的功能，从而减轻直射刺激，使光线柔和。木材的许多亲人性可让人感到舒缓、温和，对于读者的滞留阅读有一定的良性影响。

书架的设计要考虑力学，要考虑到书的开本、重量、陈列方式，确保书架隔层板不弯曲变形。

美术、书法、少儿、地图、挂图、音像、辞书以及收藏类图书，应根据所要经营的品种和当地的购买力来确定展台、展柜、书架的款式及数量。

社科、文学、艺术、科技、文教类图书的书架可尽量采用高架，以便更多地陈列展示图书，在书架的设计上可尽量少考虑防损的概念，因为增加了陈列，增加了销售，少占用了宝贵的经营空间，少用了营业及管理人员都是利润的直接增加，也要相信随着读书人素养的提高，加上店内监控、防损等措施的增加，丢书现象也会减少。

书店外观设计应注意的问题

书店的外观是展现一家书店经营风格的重要方面。书店外观除了店门、店名招牌等明确标示外，对顾客更有吸引力的是书店的橱窗设计和陈列。

有些书店的门口光秃秃的，没有橱窗，只有一个牌子标明这是书店；有些书店倒是有窗，但橱窗里的展品一点也引不起人们的好奇心。

橱窗陈列是表达本店最新的信息的展示窗口，随着时间季节和各种主客观因素转变，经营者要不断地变换橱窗的陈列。

所以在设计装潢的时期，如果店面的条件许可，应该要有橱窗的规划。总之，要根据书店的具体情况因地制宜。

制作 POP（卖点广告）海报应注意的几个方面

如今书店都需要 POP 海报，它是直接展现给读者最新资讯的窗口。书店里的 POP 海报逐渐成为了书店营造书香胜地的一道亮丽风景线。制作一张精美的海报，不但凝聚了制作者多技能、多素养的提炼和心血，还可以美化环境，提升店堂品位，从而引发读者的购买欲。

制作 POP 海报，应该注意以下几个方面的问题：

①书店进行手绘宣传不同于超市卖场，除了遵循基本特质写法外，还要根据不同图书的种类及品位，选择不同的字体设计与主题意蕴，如少儿类图书体现活泼卡通、文教类图书体现规整清正、生活类图书体现温馨亲和、艺术类图书体现雅逸风情、文学类图书体现文韵精深、重点推荐图书

体现“低调的张扬”，等等。

②节假日、店庆日、各类促销活动等时期的POP海报制作要能体现其优势，如制作方便快捷、制作成本低廉、海报时效性强、周期灵活掌握、能够美化店面环境、提升文化宣传形象感、人性化“活味”足、营销作用举足轻重，等等。

③一般一张海报（4开），规格尺寸较统一，但在实际图书陈列的基础上着情按照书橱、书架、书堆、书量、书形、书位、书味等因素进行相应比例大小的海报宣传，这样会融和整体环境氛围给读者舒逸润心之感。

④可以借鉴中国书法之灵感：无色具有图画的灿烂，无声而有音乐的和谐。特别是针对有较高品质和文韵的图书进行手绘宣传时，将文的内涵与书的韵律彼此共融，透出高雅俊逸、清澄潇洒，同时也不失手绘宣传之基调，这种新的尝试需要自己不断地纵情笔墨，汲取养分，在实践中求得相应的完善，在制作中悟得“嫁接”的真谛。

⑤POP海报设计必须要快。很多时候，POP海报都是和马上要展开的活动密切相关的，有的甚至根本来不及准备。在这个过程中，设计人员应该认真考虑几个关键词：宣传点、吸引力、简单化。设计人员必须要利用当下的素材，在最短的时间内拿出方案并完成，必须在最短的时间内找到产品最吸引读者的地方，设计尽量简洁明了。

书店如何规划“分类线”和“动线”

在布局规划书店卖场时要考虑两条线：图书的分类线和顾客的动线。所谓分类线，即书架上一个类别和另一个相邻的类别之间，按照一定的逻辑关系形成的某种关联性、连贯性，使每个相邻的类别都能衔接起来，形成一条清晰的线路。分类线是有形的，能看出来的。所谓动线，就是指顾

客在室内移动的点连接起来所形成的线路。这条线是无形的，只有顾客在书店流动后才能体现出来。

1. 分类线和动线的关系

分类线和动线是相辅相成的，良好的分类线能合理地引导顾客，使顾客移动的点连接起来所形成的线路与分类线吻合。分类线建设不好，不但影响顾客的移动，而且不方便顾客浏览和找书。

例如，如果书架分类陈列这样安排：养生保健—经济学—少儿类—古典文学，这些相邻的类别之间关联性不强，使人感到杂乱无章，自然影响了读者的浏览兴趣。比如喜欢看经济类图书的人，当他浏览完经济类图书后，左右两边是少儿书和古典文学，可能就不会再顺着看下去，这样一来，顾客的动线就断了。

2. 分类线的三项规划原则

我们应该怎样建设分类线，让它来促进动线的建设呢？可遵守三项原则：一是同一个大类的图书应相对集中在一个区域内；二是在同一区域内，考虑如何将相邻的两个小类彼此相关联；三是在两个相邻的大区域之间接壤的地方，用两个各自区域里的小类别进行有机的对接，最后使整个书店每个相邻的类别之间都能互相关联，成为一体。

以文学类为例。文学类的图书可以先按文学理论和文学作品分为两大部分，再把中国文学和外国文学分为相关联的两块。作品部分可以按某种顺序相关联，如中国文学按年代排列、外国文学按国家类别排列等，具体可参照下例：文学理论—中国文学史—中国古代文学—中国近代文学—中国现代文学—中国当代文学—外国文学理论—外国文学史—美国文学—英国文学……当然，同样是文学类的图书，每个书店可按照自己的特点设定不同的分类和重点。不管如何设定，每个相邻的类别应该相关联，让分类能连成一条线。

两个大类别之间相邻的图书类别如何实现分类线的自然对接过渡，让分类线能延续下去，可以从图书的内容或读者的特点来考虑。如文学理论、文学史，一般来说这两个类别的读者以知识分子、学者居多，那么这两个类别的图书就可以和学术类或大文化类的图书衔接，当读者浏览到文学理论类图书的时候，很自然地就过渡到了学术类或大文化类等图书，实现了自然过渡。这也是分类线促进动线建设的一种方式。

3. 如何规划才能让分类线延绵下去

在建设分类线时，常会遇到这样一个问题：两个大类别之间，很难找到一个关联点，使分类线能连起来。

遇到这样的情况，一是要尽可能按照读者的特点来安排，如艺术类读物和生活类读物在考虑如何衔接时，可以这样考虑：很多喜爱读艺术类图书的人是比较追求时尚的，那么在安排艺术类的图书时就可以把艺术类的综合读物放在分类线的最尾端，紧接着就和时尚类读物连接，这样就实现了自然的过渡。而时尚总是和生活分不开的，那么在时尚类图书分类线的尾端，可以过渡到生活类图书。喜欢看生活类图书的读者中，已经有自己小家庭的女士比例很高，那么生活类图书接下去可以安排幼儿类、儿童类、素质教育类的衔接，而素质教育类的后面紧接着就可以放课外辅导书之类的……这样能让分类线延绵下去。

有时候某个大类别分类线没有合适的衔接方式，此时不妨考虑放综合类图书在中间过渡。从某种意义来说，综合类图书的内容涉及面是比较广的，在陈列时很难区分是属于哪个小类，正是因为内容涉及面的广泛性，使得综合类图书能和其他类别的图书很好地融合与衔接，这样就可以解决分类线不连贯的问题。比如，马列主义—毛泽东思想—中国革命史读物—综合类读物—中国与世界政治—外交—军事，这里的综合类读物在一定程

度上起到了衔接作用，整个分类线就基本连起来了。

分类线不但对大书店的作用很大，有时对小书店还具有特殊的意义。小书店图书分类一般不能过细，分类牌也不能多。因为图书的总量不够，如果分类细且类别多，给顾客的感觉是每类都没什么书，使书店显得很“单薄”。这时候，书店可以不设分类标志牌，但是图书摆设陈列时，有内在的分类线，读者会一路顺着分类线浏览下去。这样能引导顾客一路看下去，眼光自然可以触及每本书，从而增加了每本书的销售机会。

书店的实用规划模式

对于开书店的人来说，在没有专业人员对书店规划进行设计的情况下，都希望有一个便捷实用的方法来规划店铺，使书店规划尽量科学、合理、实用。

通过对许多书店的观察，并结合对书店规划的实际经验，有专业人士总结出一个简单实用的中小书店卖场规划模式。

1. 书店卖场规划的原则

①效益高：要尽可能把书店的卖场面积让给直接带来销售业绩的营业场所用，少给非营业场所用，这是卖场规划的一个基本原则。

②功能全：一个书店卖场应该有公共区域、顾客通道、收银台、平面展示台、靠墙高书架、中间的双面低书架、杂志架、排行榜、墙面宣传展示板等。

③视觉好：书架摆放上，高的靠四边，低的在中间；进门看，高的在远处，低的在近处；中间书架的摆放从进店门往里的顺序，逐渐增高，这样给顾客一种开阔的感觉，视觉效果好，而且能多存放书籍。

④流动畅：书店的通道不能有“死胡同”，要四通八达，便于顾客随便走动。

⑤便于管：考虑卖场看管，最好能够多几个能观察到整个卖场情况的点位。因此高书架尽量不要阻挡视线。

2. 按照顺序来对书店卖场进行规划

对书店卖场进行规划的先后顺序应该是：收银台—高书架—平展台—双面书架—单面书架—其他。

第一，规划收银台，要考虑的是：摆放在什么位置，占多大面积，多高合适，要什么功能。一般来说，收银台应摆放在书店进门的位置，是靠左边还是右边，具体就要看门前道路的方位走向，要让收银台的正面夏避太阳照晒，冬避北风直吹。除此之外，还要考虑收银台营业员在收银台要能看到卖场更多的地方。综合考虑这些因素，就能很快确定收银台的位置了。

收银台占地多少合适？专业人士给出的建议：100 平方米以内的书店，收银台的面积控制在 1.5 ~2 平方米为宜。超过 100 平方米的书店，收银台占地应该在 2 ~3 平方米为宜。超过 500 平方米，就要启动两台收银机，这样收银台的位置自然也要大一些，但最好不要超过 6 平方米。

收银台最常见的是“L”形的，1.5 平方米的收银台，长度可为 1.5 米，宽度为 1 米，台面的宽度为 0.4 米左右即可。收银台的高度，一般应该和写字台的高度相当，大约 0.8 米。因为这个高度是让顾客有亲近感的高度，如收银台过高则会给顾客一种隔阂和距离感。在具体功能设计上，要考虑电脑或者收银机、电话、刷卡机的放置，还要有两个抽屉。在收银台的底下，在考虑人员伸放脚之外，还要利用空间储存书店营业所需的办公用品。

收银台的背面墙壁上，是书店的黄金墙面位置，可以做书店的畅销书

排行榜。这样不但起到了装饰作用，更重要的是起到了宣传促销的作用。收银台出口处一般放置饮水机或者空调。这样使出口处位置感觉宽敞些，也方便工作人员进出收银台。

第二，规划四周靠墙的书架。一般书店四周都是做高的靠墙书架，如室内空间高度允许，书架高度可为2.2～2.4米。每个书架的跨度一般是0.75米比较合理，既美观，又不会因为跨度过大形成书把隔板压弯的情况。靠近门的高书架，一般离门的边框应该保持0.5米左右的距离。

第三，考虑留出公共区域的空地。一般进门处和收银台前要有一个顾客活动的公共区域，门到最近的一个平展台最少也应留出1.5～2米距离的空地。最近的书架离收银台正面的距离也要在1米以上，这样就在收银台前形成了一个公共区域。

第四，规划和公共区域衔接的平展台。一个书店不管大小，都应该有展示图书的平台。一般在书店进门的位置，收银台前要安排平展台，以放置一些新书畅销书。平台可做成长、宽都是0.6米，高为0.8米的标准柜子，根据卖场情况进行组合，或4个一组，或6个一组，依具体位置大小而定，非常方便。柜子上面展示图书，下面可放置库存图书。

第五，规划书店卖场中间的双面展示书架。在安排卖场中间的双面书架的时候，注意两点：一是顾客过道（书架之间的距离）应该不小于0.8米；二是尽量不要挡住视线，能让员工观察到更多地方，方便今后对卖场的管理。双面书架的高度一般不要超过1.4米，这个高度从视觉上感觉比较好。

靠着双面书架的侧面可以考虑摆放单面书架，也可做宣传栏。

第六，再综合考虑整体情况，适当调整，做出更好的效果，让顾客能多在书店里多转一转。

3. 细节上的规划

对书店卖场大的方面规划完毕后，再考虑配件的增补或细节的完善，如在不能放置书架的地面可以摆放绿色植物装饰，空余的墙壁柱子上可以考虑挂贴装饰物品。

这样，一个书店的规划完毕，功能基本齐全。

书店规划不可忽视的商品配置

适当的卖场商品配置，搭配美观大方的硬件设计，可以凸显出书店本身的定位与风格。

商品配置的内容就是在书店琳琅满目的商品中，如何决定各类商品所需占用的卖场面积大小、陈列的位置，以塑造、凸显出书店本身的定位与风格，并且达到最佳的获利。配置与书店的日常运营有非常大的关联性。

1. 决定商品配置的因素

市场、定位、空间、利润是影响卖场商品配置的四个基本因素。

书店生存的必要条件是获利，所以书店必须提供顾客所需求的商品与服务，因此书店在考虑卖场中陈设的商品时，应该通过市场调查，了解商圈中顾客的消费习惯以及各类商品的发展趋势，确认市场规模大小与特性，以作为选择商品组合的参考。

定位，是指在复杂、多样的文化出版品中，书店自身主要想提供给顾客哪些类型的商品或服务项目，毕竟，在现实环境中，实体书店想陈列所有的出版品、做到应有尽有是不可能的事，因此需要有所取舍。

确认书店定位后，便要衡量书店卖场大小、格局、楼层数等空间上的

条件，以便安排各商品区域的位置。

最后，商品的获利条件，如销售毛利、销售比例、消费特性等，将决定这些商品会被摆设在卖场中的哪一个角落、占多少的空间。

2. 商品配置之技巧："分进""合击"

对收集到的信息进行分析后，便可以进行卖场的商品配置作业。而商品配置作业之技巧恰可用"分进""合击"来形容。

（1）商品配置之"分进"

所谓"分进"，是指需将商品彼此间先做区隔，以便让顾客在选购时能明确分别不同的商品区域。

过去在规划卖场商品配置时，大多是由承揽装潢的厂商负责，因此比较忽略商品分区的观念，几乎都是丈量过卖场格局后，直接绘制货架配置图。虽然店主可以立即修改货架的数量与位置，但是往往无法掌握各类商品的区隔与衔接问题，因此建议店主们在绘制货架图时，先就商品区域做划分。

一般而言，书店的商品结构包括图书、杂志、文具、礼品与杂货，以及计算机光盘与外围商品，因此，在规划时至少需要将卖场划分成以上几个业种的区域。

在各业种的区域内，依据商品特性再做细部的区隔，如图书区可以再分成新书区、畅销书区、促销书展区等，使得各类商品都有其专属的空间。

这些商品区域列出后，规划的原则是：属于冲动性消费的商品，如杂志、新书、畅销书陈列区应该摆设在顾客最容易接近、最容易发现的区域（如店门附近或是平面楼层），以刺激顾客消费；而属于目的性购买的商品，如参考书，就可以摆设在卖场的深处或是较高的楼层上，因为顾客就是要买这些商品，摆得远一些也不会对业绩产生太大的影响，甚至在必经的通道上可以再刺激顾客购买其他的商品。

在商品分区上有两项需要补充说明的：第一，当卖场有多个楼层时，规划各楼层商品的区域时需要注意高楼层是否具备吸引顾客的商品结构，避免顾客只停留在一楼消费；第二，书店常态性的书展平台、节庆促销活动所需的空间应该一并规划，避免一有促销活动时，需要大幅更动卖场的商品陈列。

（2）商品配置之“合击”

所谓“合击”，则是将消费习惯相近或是在商品功能上具有互补性（或关联性）的商品规划在同一位置，以提高顾客的购买数量及金额。

关联性商品的陈列已逐渐被书店业者接受而且利用，如童书区内有儿童图书、教具、玩具、幼教视听商品等，而在童书区附近则结合妇女、家庭用书区的规划，便是目前最为常用的技巧；而在计算机书区、生活书区也可以有类似的组合方式。善用关联性商品的陈列，将会明显地反映在顾客购买数量与购买金额的成长上。

案例链接

北京知不足书店的新颖设计

北京知不足书店系北京出版社出版集团所属的全民所有制企业，书店批发、零售各类图书。该店经过多年的发展，在图书发行行业具有较高的声誉和信任度，多次被全国出版发行业协会评为“双优单位”。

以北京知不足书店回龙观分店为例。该店投资近500万元，经营面积超过360平方米，经营图书近万种，采取图书展示与文化休闲的卖场经营模式，一层为图书卖场，主营少儿读物、教材教辅类图书；二层开设休闲

水吧，同时经营社科读物和时尚期刊等。

北京新康华业图书设备有限公司作为国内专业的书店空间规划、环境设计及展示道具制作公司，从1999年开始一直致力于书店服务业，客户遍及全国新华书店、民营书店、出版社、音像店等。该公司承接了北京知不足书店回龙观分店的店内外环艺设计、装修及相关图书展示道具的制作工程。

本着优化原有建筑空间，使之更适合图书卖场的功能以及人性化环境氛围，塑造具有时代精神及区域特色的原则，设计师对原有建筑和空间进行了大胆的改造和分割。原有门头位置显得比较狭窄，不大气，设计师将原有空间与其上层空间重新整合，用钢结构作框架，结合铝塑板，大胆运用红色、白色及灰色进行组合，亚克力字显示书店标志，内部使用灯管照明，使之在光线不足时醒目，更具冲击力，形成独有的外观形象。

一层卖场利用原有裸顶，喷涂深灰色墙面漆，简洁而有个性。同时下面以红樱桃装饰木方为吊顶装饰，装饰木方内部为均匀筒灯，其余未吊顶的地方配合以钢盏灯进行矩阵排列，温馨明亮，地面配以米黄色地砖铺地，增强书店人文气氛。

原有楼梯坡度较大，一侧边缘悬空，影响读者进入二层卖场。设计师将原有楼梯加宽加固，连接处墙面可作形象墙。并适时在1/3处加宽台阶，形成缓冲，加之不锈钢扶手的使用，使整个楼梯更加具有安全感、舒适感，实用性、装饰性合二为一，步入二层卖场不再举步维艰，增加二层卖场销售量。二层卖场地面同以米黄色地砖铺地，顶部两侧以红樱桃装饰木方吊顶，南北方向不锈钢加红色幕布吊顶，配合白色墙面，阳刚和柔和之美并重，烘托气氛，强调主题。

展示道具材质以钢木结合为主，配件部分随意组合，层板可视书籍开本的不同，随意调节高度，功能性大大加强。金属部分为冷轧钢板，喷塑处理，结实耐用，易于清理。木质部分与顶部木方吊顶遥相呼应，做到书架与装修风格整体统一，同时弱化金属结构给人太冷的感觉。

一层利用有限空间设置儿童区，起两步地台，配以造型吊顶，加之颜色鲜艳的儿童书架，情趣盎然，十足一个与周围环境相融合的小乐园。书架连接处设置金属孔板，既能遮挡显得凌乱的管道，同时配以挂盒，作为销售排行与新书推荐，使读者一目了然，了解市场动态。良好的通道划分，使人流、物流各行其道，有效地引导了读者消费。两层卖场丰富而不凌乱，管理井然有序，读者悠然自得。

第五章
合理陈列，提升动销

门市图书的陈列摆放是一门学问，也是一种艺术，其原则性和方法性都大有文章可做，实际操作中如果处理得当，就能够最大限度地发挥书店图书的品种优势和数量优势。同样的图书，摆放的位置不一样，可能产生不同的销售效果。良好的图书陈列，可以突出图书的特点，美化店堂的布局，加速图书流通，促进图书的销售。因此，我们在日常工作中，图书陈列不仅要考虑经营者的目标，更多的是要让读者受益，从而起到有效吸引读者、扩大销售的作用。

图书陈列的基本要求

书店对图书陈列的基本要求是：分类清楚、内容衔接、方便看见、方便选购、营造丰富的气氛。

1. 分类清楚

书店的图书分类要根据实际情况调整确定，以顾客选购的习惯来分。如有必要，店内还需开辟重点专柜，如特别推荐、时事、热点专柜、青春读物等。

2. 内容衔接

在摆放图书安排分类时，要注意将内容接近的图书分类安排衔接起来，这样使得顾客看书有延续。

3. 方便看见

首先，按照成人读物和青少年读物分为两个大块，让读者一进书店就知道成人读物和青少年读物在书店的哪一个区域，这样方便读者直接进入这一区域选购。

其次，新书必须集中在书店的最黄金位置进行平面展示，因为新书是最吸引顾客、带来人气、销售旺盛的品种，一般应该摆放在进出口处，方便顾客看见。畅销书是当前销售旺盛的品种，必须集中在书店的最黄金位置的平面展示，便于顾客选购。

以书的正面展示，尽量以漂亮的封面示人。要尽可能多正面摆放，不仅是在平面展示书柜上，靠墙的高书架上的图书也可以这样做，如某本书有5本复本量，与其都侧立面摆放，以书脊对顾客，不如改用正面对顾客摆放。大部头图书，开本大、厚的书，应该放在书架的上面顶格或下面靠地面近的底格的位置；开本小薄的书，放在书架中间的位置，这样做使得顾客都比较容易看到。

4. 方便选购

把内容相近的一类图书放在一起。因为顾客在挑选某类图书的时候，喜欢进行比较，从中挑选适合自己的那本。如果不能把内容相近似的放在一起，顾客对某本书不满意，就很容易放弃购买。同一类图书、不同价格的可放在一起，便于顾客选择适合自己的价位的产品。

店内有文字宣传推荐的图书应放在明显的位置，比如放在宣传推荐材料的旁边，使得顾客看到宣传材料的同时即可看到该图书，方便了顾客的选购。

5. 营造商品丰富的气氛

在书店品种少的时候，同一品种复本量多可安排在不同处摆放，以增加花色品种之感。复本量特别多的图书，还可堆放式摆放（书墩），可进行艺术造型，同时要体现摆放的特色。为使特定的图书引人注意地陈列，可特别陈列，如制作专门的小架子只展示一本书。

图书陈列的八大手法

如何做好书店卖场内的图书陈列，一直是业内人士经常探讨、津津乐道的话题之一。科学合理地做好图书陈列，使之发挥最大的潜能和作用，有着现实和深远的意义。以下是图书陈列的八大手法，供书店店主学习。

1. 对薄本类图书应做到“能展不立”

薄本类图书是指卖场中一些书脊厚度相对较薄、页码较少的图书（如期刊类、儿童画报类，以及部分助学读物类等）。这部分图书如果一味地采取书架书格陈列，往往产生不了明显的视觉效果，即便是内容再好、再实用的书，由于陈列不科学，也往往被读者所忽略，减少了其销售机会。对此采取“能展不立”的陈列手段大有必要。因为这些书虽然书脊不能产生良好的视觉影响，但其封面内容的推介展示效果却是值得一提的。如果将其利用书台、展架等位置科学陈列，必将会让其封面发挥出最大的吸引读者目光和兴趣的作用。

2. 对题材类图书应做到“能花勿平”

毋庸置疑，题材类图书大都是针对一些重要会议（讲话）、重要历史活动及国内外重大事件等出版发行的图书。像这类图书，一般说来，无论是其读者对象的适应范围还是图书自身的市场影响热度，都相对一般图书呈现出广泛集中等特点。对于这类书的陈列，就应遵循“能花勿平”的原则。而这里所说的花就是要在图书花样码堆环节上动点脑筋，下点功夫，尽量避免平庸无奇的陈列形式。营业员要做到在卖场环境允许协调的前提下，针对图书的实质内容和特性，结合创意有的放矢地展开设计构思，让图书本身和陈列造型充分融合互补，达到让读者眼前一亮，迫不及待想一睹为快的良好效果。

3. 对挂图类图书应做到“能挂勿折”

近些年来春联、年画在书店卖场门店销售得少了，但像地图、针灸挂图以及幼儿启蒙学习挂图等品种一直是很多书店的常备图书、畅销图书。对于这部分图书，在陈列过程中就应遵循“能挂勿折”的原则。在一些营业面积相对较小的门店，因受卖场环境面积限制以及营业员观念习惯等因素的影响，一些本应张挂陈列的挂图类图书被营业员简单地一折或是卷筒堆放在各个角落里，没有对场地和空间很好地进行张挂陈列，有的甚至连样品都没有。读者问之则答之，让这类图书处于被动尴尬的局面。由于受这类图书印刷装帧形式的特殊性所决定，它们本身受读者们的第一感觉或是第一印象的影响较大，而通过“张挂”这一形式能够让读者在第一时间全方位、零距离地了解、认识这类图书，从而引发购买兴趣。

4. 对礼品类图书应做到“能开勿限”

在书店卖场中，经常会看到一些包装精美、价格不菲的大部头书或是礼品书。这类书最大的特点就是装帧质量较好，印数较少，书价相对较高，有的图书开本体积也很大。在许多卖场里这类书一般都会被单独或是特殊陈列，极个别的还会被营业员锁进特设的专柜（架）里让读者可望而不可即。这种陈列方式是不可取的，因为这样做不仅直接伤害了读者的权益，也违背了图书出版发行的本意。不可否认，这类书的准购买人群相对较少，但并不说明这类书的读者也少。为此这类书应尽量遵循“能开勿限”的原则。开就是对读者不设“禁区”，多提供读者与礼品书紧密接触的条件和机会。不能只是一味地担心图书破损率升高而制约了潜在的购买力，那种“只见树木，不见森林”的片面营销观念是要摒弃和杜绝的。

5. 对常备类图书应做到“能显勿隐”

所谓常备类图书，是指卖场中读者需求量平稳、实用性稳定的品种，如各类工具书、中外文学名著、地图册等。这类书的读者对象一般较为稳定，在没有特殊因素的影响下，既不会太过热销，也不至于极度滞销。为此一些营业员因其不温不火，索性将它们陈列在一些毫不起眼、位置不是太佳的角落星，怀着“酒香不怕巷子深”的心理加以应对。常备书首先肯

定是常销书，既然常销就应给其出头露面的机会，读者常买常用的图书必然使用率高，周转更新速度快。

6. 对教辅类图书应做到“能全勿滥”

业内人士周知，教辅类图书品种最多，花样最全。仅中小学阶段就达12个年级之多，具体到某一系列的版本品种，众多的科目也足以让营业员和读者眼花缭乱，措手不及。对这一类图书，应遵循“能全勿滥”的陈列方法。所谓全就是要保证年级层次全，所属科目全。不滥就是要做到不盲目陈列。有些门店将一份教辅读物从头到尾厚厚地摆放了一桌子、一展台。读者们信手翻阅，不配合图书的归位回位，给营业员的日常管理以及读者朋友带来了许多不便，同时也使图书破损率增加。鉴于此，营业员就应尝试着改进一下这类图书的陈列方法，可以将某一系列选取一定数量作为样本进行陈列，既能让读者思路清晰，便于挑选，又可以节省出尽可能多的黄金位置进行其他书的陈列，这对于一些面积相对较小的门店来说，不失为一种两全其美的有效举措。

7. 对特殊类图书应做到“能巧勿庸”

这里所说的特殊类图书范围相对广泛，譬如特殊开本装帧的卡片图书，发行周期很短的台历、农家历，以及近段时间的焦点图书等。要将这部分图书通过有效的陈列手段服务好销售，就应尝试着做到“能巧勿庸”。所谓巧就是要结合卖场实际，学会动脑筋想办法，推陈出新，随行就市。

8. 对热销类图书应做到“能专勿俗”

热销类图书对增加书店卖场人气、扩大销售都起到了积极的促进作用。对这部分图书的陈列就应做到“能专勿俗”。所谓专就是要做好专业陈列，给其点“特殊照顾”，说白了就是利用好专区、专架、专柜等陈列形式，努力营造出卖场中的焦点和亮点，让这些书充分发挥好自身的潜能和优势。勿俗就是要加强这类图书陈列环境的营造，如在热销类图书的专区、专架、专柜范围内利用海报、标语横幅、装饰物件等进行装扮和点缀，都能起到活跃卖场气氛、吸引读者驻足的良好效果，从而为销售创造有利的前提和环境。

总之，图书陈列工作是一项操作性极强，技术要求和创新含量都很高的实质性工作。每一位书店工作人员只有在日常工作中认真学习，善于总结，勤于创新，时刻做到理论和实践相结合，才能更好地推动图书陈列水平的提高，进而为门市图书销售提供必要的技术保障和智力支持。

图书分类陈列的原则

一个书店可以有不同的区域设置方法，可以按不同的思路陈列图书。不管采取什么方式设置区域、摆放图书，其目的不外乎两点：一是为了更好地引导读者，使其能方便地选购所需要的图书；二是方便书店内部进行有序的管理。为了达到这两个目的，书店分类架上的图书陈列摆放，应该遵循以下原则：逻辑思路清晰，主题设置生动，引导方法有效。

1. 逻辑思路清晰

如何做到逻辑思路清晰？主要是根据书店的定位和目标顾客群情况，严格按照一定的逻辑关系，确定各个区域和大类别的分类线。

这种逻辑关系主要是通过一个一个的分类牌连接具体体现出来的。不但两个书架之间的分类牌要有连接的逻辑关系，而且同一个书架的每一格也可以考虑体现一定的逻辑关系——这种逻辑关系可以用导读标识（导读

条）注明，让读者清晰地感觉到。

清晰的分类书架针对不同类型的读者各起什么作用？

首先，针对那些理性的、有目的的购书者，他们选书主动性较强，书店严格按照一定的思路和逻辑关系排列摆放图书，且连贯有序，可保持读者兴趣的连续性，从而引导读者顺着这个思路去找所需要的图书，节省寻找时间。

在这种情况下，分类架上陈列的书应该囊括店内该类别所有的图书，这样不但不会漏掉任何一本读者感兴趣的图书，有些隐藏的品种也很可能被读者发现，让好书真正能找到“知音”。比如，在当代文学类的图书架上，如果按照作者姓名的英文字母顺序排列，那么某个作家的全部作品就应该集中陈列在一起，这样，读者就能发现该作家的所有作品，从而购买自己缺少的品种。

其次，针对随机性的、目的不甚明确的读者，书架上严格逻辑关系的有序展示，不但能吸引读者眼球，也能激发其继续往下看的欲望，这样就可能发现自己感兴趣的图书，增加其买书的概率。

有时候，书架上清晰的分类线，按照一定顺序设置的导读条，还可以传递给读者一定的知识，加深读者对书店的认可。如哲学类图书，如能按其发展历史将各流派标注分类，可以让读者了解哲学发展的大致历史概况，以及各流派分别有哪些代表人物和代表著作等。

2. 主题设置明确

我们知道，一篇文章标题是否吸引读者，是能否使读者继续往下看的关键。同样的道理，一个书店图书分类如何设置，分类名称即图书的主题如何设置，也是能否吸引读者关注这个书架，进而浏览该书架的一个重要因素。

由于每家书店的顾客定位不同、大小规模不等，从这个意义上说，书店一成不变地照搬其他书店的区域规划和分类摆放方法，不一定有效。我们在设置分类主题的时候，既要考虑学科的知识性，也要贴合目标顾客的购买特点和喜好。

不讲究学科的知识性和严肃性，一味地迎合读者趣味的分类方法，也是不可取的。同样，不考虑读者阅读兴趣的变化，完全根据严格的学科特点分类，往往会失去新鲜感和生动性，使得读者兴趣大减，对销售效果也会产生一定影响。比如，有关娱乐界的人物传记类图书，很多是图文并茂形式的，如果按照学科设置成“人物传记”类，就不能吸引人，而设置成“画说明星”就生动得多。这样的例子有很多，只要我们能抓住内容特点和读者的兴趣点，就能找到很好的主题。

3. 引导方法有效

一般来说，读者很容易看到书架的上面几格，而不易关注低层的图书，尤其是那些没有明确找书目的、随意性较强的读者更是如此。

那么如何让读者关注书架低层的书呢?

第一，在不违反分类线顺序的原则下，可尽量将复本量少（一两本）且厚度较薄的书陈列于读者方便看到的地方；而复本量多，书身体积大、容易引起注目的书放于低层。

第二，如果由于书架每格的顺序不便调整，必须放置在低层的书，书店可在书架上增贴引导条，告诉读者最下面是哪些书，以吸引读者往下看。

第三，低层的书尽量平面展示，以引起读者的注意。

第四，放置低矮的小板凳或坐垫，让读者坐下来，这样一来，读者也容易看到低层书架上的书。

第五，对于那些有代表性的、有价值的好书，因放在低层位置而不能引起读者注意的，书店可选择放在平台上多做展示。

如何根据图书分类去陈列

长期以来，书店图书分类主要借助于图书馆建立的图书分类体系。这种分类方式自有它的合理性，然而图书市场上读者存在多、散、杂、匿的特点，大多数读者不可能掌握深奥的图书馆分类体系。在这种情况下，多数书店都在有意识地进行图书分类方法的调整，把图书分类作为书店陈列的一个重要方面来对待。可以说，当前书业界比以往任何时候都注重图书分类的实用性问题。具体说来，主要呈现如下几方面的特点。

1. 有特色的图书分类体系

根据经营特点、品种规模、读者对象、地区情况等确定类目层次，组织自家的分类体系。书店有综合书店和专业书店之分，有大书城和小书店之分。对于一个陈列五六万种图书的大书城来说，粗粗十来个类别显然不够使用。

而对那些小书店，细分就显得琐碎，也影响书架的美观。专业书店因其专业性，类目的深度相对大得多，有的甚至达到四级，便于读者按图索骥。地区上的差别也往往使分类显示出特性，如桂林市、黄山市等地的书店均把旅游类书特别挑出来，单独列类，这显然是有意借着旅游城市的招牌，促进该类图书的销售。

2. 根据销售情况调整类目的级别

英语读物、教辅图书等在中图法中属于二级类目，绝大多数书店都把它作为一级类目对待，原因是这两类书进货量大，销售码洋可观，作为大类标识既可达到醒目的效果，也有利于对其进行细分。

如某新华书店将英语类图书按内容、用途、考试级别、不同阅读水平等角度进一步细分，便于读者找书时对号入座。那些品种较少的科技图书，虽在中图法中有着较高层次的类别，在书店的书架上却降格为子目，或几类笼统地归为一类。这种以销量多寡确定类目级别的做法，显然与图书馆分类法追求知识体系的完整有着本质上的不同。

3. 类名的设置使读者更容易理解

标引在书架上的类名，可帮助读者找到所需图书的具体位置，因此类名是否通俗易懂、简单明了，直接关系到读者找书的效率，进而影响到书店的销售业绩。当前不少大书店的标引牌上设有如心理自助类、婴幼儿养育类、家用电器维修类、教辅类、女性读物类、亲子读物类等类别，这些类名虽不见于中图法，却易为一般大众读者所接受，所以被书店广泛采用。

4. 确立以陈列宣传为中心的分类原则

随着经营条件和环境的改善，越来越多的书店开始实行超市型管理，读者购书是自我服务，因此搞好陈列宣传越来越重要。为了突出陈列宣传的导向性，很多书店把体现自己书店特色的类别或畅销书单独列类，摆放在显眼的位置上，以突出推荐作用。为了增加某些多主题图书的陈列机会，书店往往采用多重分类的方式，如《老照片》，既是图画类，又是历史类，还是纪实类，在三处陈列摆放，销售实绩可观。对丛书的处理也可采用集中归类和分散归类并行的办法。

5. 结合主题进行分类

书店在推销图书过程中，先确立主题，再结合主题划分分类区域。这种做法很能体现商家的营销理念，既显示自己的服务特点，又能在服务中

指引读者消费，创造新的商机。如北京图书大厦的生活类图书原来放在三层，与文艺书在一起，后来调整到四层，与科技书在一起，主题定为“提倡科学的生活理念”，令人耳目一新。

6. 在求新、求变中把握读者心理

图书分类虽有章法可循，却无程式可依。商家往往有自己的商业理念，并以此划定分类区域。因此，分类有时并不特别讲究类名的准确，而希望追求“新”与“变”的特质，给读者留下深刻的印象。比如，三联韬奋图书中心将卖场设计成生活提案、城市热门、科学人文、情趣读物等类，这些类别的图书在店堂内形成各自的销售区域，给读者以新鲜感，而且浏览后很快能发现自己想要买的书，效果很好。

可以看出，当前书店的图书分类，无论是类目的设置、类名的确立，还是分类体系的组织，都有着与以往不同的新特点，个性化特征愈加明显，实用性方面也更加贴近读者的需求。尤为注意的是，书店在图书分类的实践当中，营销意识逐渐强化，营销理念日益明晰。这种变化是可喜的，也是值得肯定的。

书店常用的码堆陈列法

步入书店，错落有致、形状各异的立体造型，已经成为吸引顾客眼球的一道亮丽风景线。这些由书搭建的造型在行业中称为“花堆”“堆头”“书塔”。而其制作过程，叫作“堆码”，又称作“打塔”“码堆”。堆码虽然属于书店日常化的工作，但它已经成为销售第一线直接面对顾客、带动销售的“发电机”和测量销量的“晴雨表”，其作用不可小觑。

1. 四种常见的堆码方式

堆码的形式千变万化，绝大部分是由书店工作人员发挥想象力创造出来的。常见的堆码方式有以下四种：

①方形。四本书穿插，书脊向外，像盖房子那样中间是空的。摆方形书塔要注意每一本书的书角都要上下对齐。

②螺旋形。书脊一面向外，一面向里，呈旋转形升高。这种书塔一般是摆些轻而薄的品种。螺旋形稳定性相对较差，所以要注意围绕一个中心点。

③交叉形。两本书并排，重叠交叉，呈“V”形。

④六角形。顾名思义书塔呈立体六角状，此种形状对书的封面有要求，如果封面太光滑，摞起来后容易向四面散落。

2. 堆码技巧

堆码没有图纸也没有设计稿，是对书店工作人员动手能力的考验。堆码一般不用借助工具，一个人 5 分钟就能做好一个简单的书堆，而且还要根据复本数的变化对书堆的形状做及时调整。

图书堆码与图书封面设计的关系不大，但是与书脊有较大的关系。书脊颜色深，在造型上容易形成对比，突出立体感。书脊的字号大，则便于读者看到。

书店工作人员普遍认为，精装本不适合堆码，因为存放时间长，随着湿度、温度的影响，硬壳封皮会上翘。而且精装书一般封面比较光滑，容易滑落。

在厚度上，图书太薄或太厚的都不好堆码。太薄的书堆出来效果不好，另外书脊由于装订不平整，一般会稍厚一些，如果不得不堆码，就只能采用螺旋式，旋到一半的时候再往反方向旋。太厚的书堆出来间隙大，

看上去不紧凑。一般书脊尺寸为1~1.5厘米的正合适。

堆码虽然好，但是书店销售还是以书架、书台陈列为主，如出版社提出对一本书进行堆码，但没有与之配合的宣传，或者图书只是版本新但内容陈旧，那么堆码反而占空间。

科学的图书陈列模式

依照成功书店的经验，并参考其他零售业（如百货超市）科学的卖场设计，图书陈列的基本模式主要有以下几种。

1. 新书重点推荐陈列法

很多购书人都有过这样的体验——到常去的一家书店，自己总是想先看一遍最近到了哪些新书，可有时候得从头到尾将这家书店全部浏览一圈，才知道有哪些新书。这样的书店就是采取了新书一到货，就各就各位到分类书架上去的陈列方式。对这样的陈列方式，读者很容易错过他所喜欢的新书，进而影响新书的营销销量。

而书店的营业员可能也在抱怨，新书到了好些天了，怎么就无人问津?

其实，只要在书店进门处设置一个“新书推荐”陈列台，问题就解决了。把近期新到的图书都放上去，老顾客只要围着它一转，有什么新书都一目了然，用不着到所有书架上去“淘”一遍。

对于重点推荐的新书，还有必要进行堆码，甚至设计出旋转、曲线、方框等艺术造型堆放，不但美观，也能激发读者的购买欲望。

2. 排行榜陈列法

零售学常常提到“80/20法则”和“要保持畅销产品的畅销势头”，

那么设置一个“排行榜”书架就是让 20% 的产品卖出 80% 的销量最简单的办法。

每个书店都应该在收银台背后、旁边或其他显要位置，建一个“畅销书排行榜”，陈列几十本畅销图书。

书店每周对图书的销售数量进行统计时，新出现的畅销书，一定要把它放进“排行榜”中去，目的是促进这个畅销产品的畅销势头。

对普通读者来说，这些“排行榜”的信息引导力是非常大的。对那一二十种上榜图书而言，这也是最能够增加、保持它们畅销势头的陈列方法。

3. 媒体重点推荐陈列法

一般读者“从众”“相信权威”的阅读心理还是非常明显的，让读者了解“媒体或名人都在关注哪些好书”，很可能促使他们产生购书冲动。

当你看到某媒体刊登了关于某书、某名人读书的报道（各大城市的晚报、都市报一般都有阅读版），而这本书你店里又恰好有货，就将报道剪切下来，依次展示在“媒体（专家）推荐书架”上。

这样的陈列方式可以让很多读者感兴趣，并认真地看这些媒体报道，增加这些图书的销售概率。

4. 分类书架陈列法

绝大多数书店都这样陈列图书。采用这种陈列方式需要注意以下几点：

①各类书架的次序要有机衔接。例如，文学类书架后面接着的是艺术类、社科类的书架，这就顺理成章。但如果文学类后面接着的是电脑类或教辅类，就有可能人为地打断一个读者继续看下去的兴趣。因此需要书店比较“人性化”地从本店主要读者群的角度着想，设计一个流畅、自然的

分类次序；

②“分类书架”里的图书可分为平摊摆放与竖立插架两种陈列方式，需要注意二者的有机结合——名家的重点图书可以平摊摆放；新旧书可交替平摊与竖立；书架富余时多一些平摊摆放，书架紧张时多竖立插架……

③书店内所有品种的图书都可以在“分类书架”上同时找到。比如，《明朝那些事儿》无论是否已在“最新到货”“排行榜”“媒体推荐”等专架上陈列了，至少还应有一两册同时放入“文艺类书架”中——毕竟还有相当部分的读者习惯从“分类书架”里寻找他所要的书。

5. 特色专柜陈列法

根据不同时机、不同地区、不同主力读者群的具体情况，书店还应该因时制宜、因地制宜地开设一些临时性的特色专柜。比如，于丹专柜（从某知名作者的角度）；民俗礼品书专柜（从某个节日角度）；职称考试图书专柜（从某个社会功用角度）；汉译学术名著专柜（从某品牌集中摆放的角度）……

6. 特价区陈列法

无论书店面积大小、情形如何，“特价区”都是笔者认为必设的一个区域。它是一个书店图书流转链条中不可或缺的环节。

从书店的角度看，即使本来没有超低折扣进货的特价书业务，“特价区”也可以是书店消化本身滞销书的一个手段。如果一种图书上架两个月以后始终无人问津，那么它肯定属于滞销书了。滞销书如何处理？当然是退货！但在退货之前，建议书店最好先把这些书转到“特价区”再卖几周试试，也许就卖出去了。

虽然以特价处理图书，书店的利润就会压缩，但书店至少回收到现金，还省去了退书的麻烦和运费，更得到读者的欢迎。何乐而不为？

从读者的角度看，近年来由于纸张涨价，致使新书定价不断攀升，动辄数十元一册的图书使得许许多多的低收入读书人（特别是在校学生）在好书面前取舍两难。

如果读者在你的书店能以低折扣的价格买到正版好书，这一定会令那些低收入的读书人感到惊喜！这些原先被高定价因素挡在门外的读书人将给书店带来更多的人气和不小的销售额。

当然，现在很多出版社都有超低折扣的库存正版书流出市场，专门或部分经营三至五折的特价书，也使很多书店红火一时呢！

不可不知的图书陈列要点

图书商品具有外形的相似性和材质的同一性，故区分度不如别的商品，加上图书品种浩繁，因而就得按标准分类。我国门市图书基本上以《中国人民大学图书馆图书分类法》为依据，同时参考《中国图书馆图书分类法》来实行分类陈列，因此书店无论大小，在图书陈列方面都有形式上的统一性，在此基础上每个门市又有各自的方法。

1. 展示台的陈列

新到图书先在新书展示台上分类摆放，新书展示台陈列的图书流动非常快，周期一般与配货周期一致，如果你的书店每天都有新书进店。那么，新书展示台上陈列的图书展示就要每天一换，最长的陈列周期最好也不要超过一周时间，否则顾客会认为你的图书更新速度非常慢。

新到图书经过展示后，就进入各分类区域，之后，其位置就相对固定下来。新书与畅销书是一个书店吸引顾客的关注点，其位置一般都在图书区最前端或最接近门口处。

2. 书架的陈列

书架的形式五花八门，各具风情，不同的组合又会带来不同的效果。有不少书架两端侧壁上设了小书架，摆放几种书，这样两排书架间走廊也不再是图书空白区，这种小书架摆放的往往是一些正在热销的书，专门用来捕捉读者因拥挤而缓步或暂停时左顾右盼那一瞬的注意力。

3. 专区专架陈列

设置专区、专架越来越为书店所接受，这样的图书区域的摆放，主要的目的还是为了顾客的购书方便，既可以让顾客买到自己想要的所有图书，同时也为顾客节约了时间。

不同类别图书的陈列，有的要考虑自然过渡，有的则要考虑与其他类别的隔断，如音像制品、少儿或中小学文教图书，要尽可能安置在相对独立的区域。

4. 塑造氛围的陈列艺术

经营书店其实就是在经营空间，书在充当商品角色之外还担负着媒介的角色，将读者吸引到一个充满文化气息、可以尽量享受阅读乐趣的空间，进而推动书的销售。

有些书店设在地下一层，由入口至卖场有三个拐口，书店就可以充分利用这个过渡空间，设置排行榜、贴标语、配图片，营造一种洗礼般的氛围，让人先静下心来，宁静以致远，然后才正式进入卖场置身于书的空间。

为读者提供服务也是营造书店氛围的重要内容。除了服务员适时出现、热情回答读者咨询等无形服务外，更在于硬件方面的有形服务，如对购书的顾客提供除印有店名的书袋赠送，还有特制的书签等。

5. 书架低层的陈列艺术

在不违反分类线顺序的原则下，可尽量将复本量少（一两本）且厚度较薄的书陈列于读者方便看到的地方；而复本量大、书身体积大、容易引起注目的书放于低层。

如果由于书架每格的顺序不便调整，有的书必须放置在低层，书店可在书架上增贴引导条，告诉读者最下面是哪些书，以吸引读者往下看。

低层的书尽量平面展示，以引起读者的注意。

放置低矮的小板凳或坐垫，让读者坐下来，这样一来，读者也容易看到低层书架上的书。

6. 不可不知的陈列恶性循环

所有的书店，都应该千方百计地防止出现这样的局面：一批书销售不佳—在架上摆了几个月—又舍不得特价处理或是懒于退货—于是滞销书就继续在书架上歇着—读者越来越感觉到这个书店里新书不多、意思不大—销售更向下滑……这就是商品陈列的恶性循环！

所以，好的卖场设计要想方设法建立起商品的新陈代谢：少进勤添—先到“最新到货”和“重点推荐”—拔尖的上“排行榜”或“媒体推荐”（持续添货）—再都进入“分类书架”和“特色专柜”—残余滞销的去“特价区”（尽最后一次努力去消化）—最后是“退书”！

每一本书都是有生命的，它一定要在书店里良性地运动！

图书陈列的5个规律性常识和10个禁忌

关于图书陈列，有以下5个规律性常识：

①如果标明商品的价格、品牌，促销的效果会增加 25%；如果只标明品牌，促销的效果仅增加 18%。

②在大型卖场中，65% 的读者会参阅你陈列的标志、标价，有助于读者选购商品，加快他的购买速度。

③在书架中图书陈列高度非常重要。理想的位置应该是 0.8～1.3 米的部分，我们一般管它叫黄金段。书架上，距地面 1.8 米位置的销售额只是黄金段销售额的 1/10。

④堆放式陈列比其他形式更具效果，堆放式可以刺激读者的好奇心，诱使他主动翻书阅读，堆放式图书的销售额要高出传统摆放图书销售额的一倍。

⑤店面广告非常重要。据相关调查资料表明，70% 的读者关注店面广告，22% 的读者认为店面广告对零售企业非常重要，但不是决定因素，只有 8% 的人认为店面广告可有可无。

关于图书陈列，还有以下 10 个禁忌：

①图书不及时上架上台，会错失市场机会，失去读者。

②上架新书不按分类去排列，随意摆放，使读者选购不便。

③书架、书台、书柜不及时清扫。这样让人感觉很脏，既污染图书，也影响书店形象。

④补货、整理不及时，造成书架、书台、书柜的书东倒西歪，给人凌乱的感觉。

⑤读者翻看过的书不及时整理、归类、归位。

⑥店面广告、宣传画等宣传品乱贴、乱挂，杂乱无章。

⑦一些破损的设备，如书架、分类牌、分类标志等，破损以后不及时修补更换，影响店容店貌。

⑧一些时令性的广告宣传过时不换。

⑨书店的广告、海报出现错别字、异体字。

⑩卖场陈列的布局不及时更换标志，使读者找不到图书。

图书陈列还须注意的问题

走进书店，琳琅满目的图书总会让人眼花缭乱，但是引人注目的地方，总会适宜地陈列些造型各异的图书以满足顾客需求，从而增加销售。有规律的陈列一些图书，不仅仅可以展示图书的美观，创造出图书的独特魅力，更能营造出书店浓厚的文化底蕴。

那么，如何才能更合理、科学地做好图书陈列呢？除了前文所述之外，还应做到以下几点。

1. 利用好卖场中的“黄金位置”

所谓“黄金位置”，一般是指方便读者光顾，读者视线容易集中的地方，如展示书台、中心书架、普通书架的中上部位置等，相对于卖场中的其他位置，这些地方读者光顾的频率较高，取拿图书也比较方便，因此更能吸引读者的注意力，延长读者的驻足时间，增加读者与图书“亲密接触”的机会。因此，在这些地方应着重陈列一些适应当前图书市场需求的新书、好书、畅销书，并根据市场走向和供需热度及时进行图书的更换和调整，从而最大限度地发挥好“黄金位置”的优势和作用。

2. 重视橱窗、橱柜的展示作用

橱窗、橱柜是书店卖场中向读者展示、宣传图书不可多得的绝佳位置。虽然开架售书可以让读者自由接触图书，但在大多数新华书店的门市卖场，橱窗紧邻街面、式样各异，非常容易吸引店外读者的目光，激发读者的购买热情。对于这种情况，营业员应及时把一些新书、礼品书和大部

头书陈列于此，引导读者主动进店阅读购买。

3. 不可轻视图书封面的作用

一本书的封面犹如一个人的脸面，留给人的第一印象最明显、直接，除了有明确目的的读者外，还有相当一部分读者来书店看书选书时，会因为受图书封面的吸引而产生翻阅或购买的兴趣。特别是一些设计新颖、书名独特、装帧精美、时代气息很浓的图书封面，更能引起读者尤其是青少年读者的关注。在卖场条件允许的情况下，书店应尽可能地将这样的封面展示给读者，本着“能展不立”的陈列原则，把握好“第一印象”对读者购买心理的影响，引导其购买。

4. 注重人性化关怀

为读者提供方便、快捷、高效、优质的服务是书店应一以贯之的宗旨，而具体到图书陈列上，为读者提供更加人性化的关怀服务，也是增进门市销售的有效手段之一。以书架、书台的设计为例，一些门市卖场由于受经营面积、空间结构的影响和制约，为了能多摆放图书，把书架设计得过高，书台也没有根据读者的实际状况需要，有针对性地进行规划设计，因此给读者的取阅带来不便，使一些图书可望而不可即。又如挂图、地图等适合张挂的出版物印刷品，一些书店为了不占用卖场空间或是嫌麻烦而没有采用张挂陈列形式，只是将其置于书柜中或是简单堆叠在书台上，读者找阅起来十分不便，因此错过不少的销售机会。所以，在一些幼儿、老年读者相对多的区域，书店应本着科学合理的原则，适当设置一些阅读台、休息椅等便民设施，让读者切身感受到书店浓浓的人性关怀。

5. 适时设立专架、专柜

随着书店经营图书品种的日益增多，读者的选择范围也越来越广。为了能购买到心仪的图书，许多读者不得不在书架前“众里寻书千百度”。到了双休日、节假日，大量读者涌入书店，找书选书就更加不便。对此，书店应本着方便读者、促进销售的原则，根据图书市场变化，有针对性地设立一些专架、专柜，将热点图书展示给读者，营造卖场中的“热点效应”。同时应将一些针对重大题材（如重大会议、事件，纪念活动，重要文集讲话等）出版发行的系列图书，通过专架、专柜等形式展示给读者，也可以取得很好的效果。

6. 少设禁区，多为读者提供便利

在一些书店卖场中，有一小部分图书因印刷量少、读者面窄、装帧特殊、定价较高等原因，被放置在特殊的区域里，并且被贴上“非买勿动”之类的敬告字条，有的甚至被锁在专门的书柜里，让读者可望而不可即。这种陈列做法对书店销售来说无疑是有弊无利的，而且在一定程度上还侵害了读者的消费权利和购书积极性。有道是“来者皆是客”，我们有义务也有必要尽可能地为读者提供宽松、优越、便利的购书环境，努力做到让读者在书店看得舒心，买得满意。

总之，门市图书陈列工作虽是小事，然而大有讲究。在具体的操作实践过程中，我们应放眼长远，联系实际，积极观察变通，探索新思路、新方法，在陈列手段和陈列形式上不断推陈出新，设身处地地为读者着想，才能更好地服务读者、服务社会，最终赢得利润的最大化。

促销货架的合理陈列

有人这样解释促销货架的重要性：“与销售传统食品、家用电器的超市或零售卖场相比，图书卖场的销售往往集中在促销货架上，而非常规货

架上。”虽然这种说法有待商榷，但有一点毫无疑问，即促销货架的设置和管理对于书店来说是相当重要的。促销货架的单位面积销售贡献会大大高于常规货架陈列销售贡献，而且还担负着书店定位、体现书店季节时尚感、带动其他展陈图书销售等任务。

1. “磁石点”设置提高动销率

设置促销货架是卖场重点陈列的一部分，产品动销率则是考核促销货架陈列效果的要素之一。很多卖场都在通过设置促销货架，希望最大限度地提高产品动销率。

在某购书中心少儿区设置了两个出版社的促销货架，相对于少儿区的其他常规货架，这两个货架的动销率比较高。负责人这样说：“二十一世纪出版社的促销货架上主要陈列了‘皮皮鲁’系列、‘绝境逢生’系列等，其中‘皮皮鲁’系列卖得很好；北京出版社的货架上主要陈列了该社的少儿百科类图书，销量也不错。从销售情况来看，促销货架对这两家出版社的图书销售作用还是很大的。”

促销货架区位的设置，需根据商品的不同特性，结合书店的定位、面积大小、楼层等因素加以考虑，不同的促销货架，对区位的选择有不同的要求。尽量让促销货架分布在店内的“磁石点”上是一个基本原则，而所谓的“磁石点”主要包括店堂入口、主通道两侧、收银台、通道末端等。

2. 分级管理降低管理成本

设置促销货架，是否会增加书店的管理难度或成本？答案是否定的。这样做只会增加部分人员的工作强度。其实书店对促销货架的管理和常规展架的管理是一样的，只不过因为促销货架前看书的读者比较多、动销比较快，需要工作人员多次整理和添加图书。

对促销货架的管理，也被纳入了书店对工作人员的日常考核范畴，自然就不用担心增加难度或成本了。在不增加卖场管理难度和成本的基础上，是否可以尽可能多地设置促销货架呢？对于这个问题，相关人士告诫说，尽管他们不否认促销货架的种种贡献，但促销货架并非越多越好。

与传统超市卖场相比，书店促销货架的陈列销售占全店销售的比重不会太高，因为图书行业的销售品种量与超市的销售品种量存在很大的差距。一般一个经营面积上万平方米的超市，其商品约为 1 万 ~ 2 万种；而一个经营面积数千平方米的书店，其销售品种量就可达 5 万种以上。所以从促销货架陈列品种在全店所占比例来看，书店与超市的可比性就差了许多。

书店促销展架的图书销售额也不会有很大的绝对量，原因在于图书的销售有着更多的个性化。尽管书店促销展架的图书销售量会比常规性货架多，但出现超市那样几倍甚至十几倍增长的可能性还是较少的。

那么，一个书店到底该设置多少促销货架呢？其实书店设置促销货架的比例与书店的规模、经营定位、卖场规划、主要受众等有较大关系。对于大卖场的图书结构而言，应该是长线与短线品种共存，畅销书、常销书、动销书与滞销书皆有。对于专业的小书店来说，读者可能更习惯于常规货架，促销货架过多则可能被“冷落”。

此外，书店的促销货架展陈品种往往与常规货架上的品种重复，容易给读者造成书城陈列杂乱的感觉。但水无常势，只有真正了解、读懂消费者，才能更好地运用促销货架等工具为之服务。

平展书台的陈列技巧

大家都知道平展的书好卖，是因为平展比侧放更能引起读者的注意。那么，我们应该如何把握好平展书台，选择哪些品种展示，才能使展台发

挥最大的作用呢？

平展书台首先是表现书店主张的地方——表现一个书店的定位、理念和立场。通过图书来表现书店的主张是最基本的形式之一，而平展台上展示的图书最能起到明确表达书店主张的作用。因此，平展台是宣传书店主张的载体。

其次，把图书平展开来是有效的促销方式。可以说，如果要让图书更容易引起读者注意，最终实现销售目的，平展台所取得的效果是最显著的。

那么，书店如何有效地利用平展台去做陈列呢？

对于偶然来书店的读者，平展台上的图书如果能体现书店的定位和品位，就很容易让读者产生好的第一印象，这对该类读者今后是否再次光顾书店会产生积极的影响；对于那些闲逛、目的不甚明确的读者，书店可以在该类读者眼光首先看到的地方，尽量摆放畅销书、书评报刊上推荐的书或是分类架上有代表性的作品等贴近性较强、能很快引起他们兴趣的图书；对于那些经常逛书店、对书架陈列和分类已经比较熟悉的读者来说，可以在展台上摆放书店新到的图书，加快图书销售的速度。

基于平展台的功能和作用以及平展台针对不同读者产生的影响等原因，平展台摆放的图书应该是：新书、畅销书、推荐书、主题展示的书。

1. 新书陈列

新书不仅包括新近出版的图书，也包括新版的书和以前老书的新版本。另外，对于一个书店而言，没有进过货的图书品种也可以叫新书。如果该新书的作者之前也有作品，可以考虑一起拿来展示，以便带动销售。如果读者能经常在书店看到新书，也可提高书店对读者的吸引力。

2. 畅销书陈列

畅销书一般是在某个时间段内具有销售的潜质、被广泛关注、容易产生销售的图书。这类书自然应该尽量展示在读者面前。

3. 推荐书陈列

推荐的书首先是指各新闻媒体广为推荐且和本店定位相符的书，包括排行榜推荐的书；其次是先前隐在分类架上、品质好、能体现某种代表性或某种价值的书。如果把这类书展示在平台上，就能体现书店的品位，又能给真正的好书增加销售机会。当然，这类书不一定好卖，书店应注意按展示实际效果做些调整，展示一段时间后没有效果的书应该及时更换。

4. 主题展示的书陈列

一般该主题的设置应该和书店的定位紧密相连。主题展示不但能向读者传播书店的主张，而且也能激发读者对书店的兴趣和好感，尤其是那些有新意的主题，更能引起读者的好奇和欲望，能直接引导读者对主题系列的图书给予关注。因此，在设置主题方面，应该是引起顾客关注的，如时下的热点主题、与本店主要读者定位相关的主题等。

安排和调整平展台摆放图书时要考虑以下几点：

①不宜在平展台过多展示内容过于高深、生涩的品种，否则一般读者在短时间内看了不知所云的书，可能会失去兴趣，从而使展示效果受到影响。

②促销主题在选书的时候要考虑图书不同的内容层次，以及新旧书的比例，避免同一内容层次的书籍过多，使关注这一主题的读者购买受到影响。有时还应注意价格层次，比如春节礼品书展，假如选择的都是高码洋的礼品书，就会使一定数量的购买礼品书的人望而却步。

③平展台应有中心思想。在没有设置明确宣传促销主题的平展台，在图书的选择上就应围绕某个类别或某个中心来组合图书，否则，一个平展台上什么类别的书都有，尽管所选图书的品质不错，给人的感觉还是杂乱无章，影响书店的品位。

④在陈列摆放时，注意把图书外观色彩相近的书尽量错位摆开，不要集中在一起。在摆放的复本量上，一般以3～6本为宜。同一平展台上的图书摆放的厚度应该高低错落有致，这样既显得生动，每本书也更容易引起读者的注意。

寻找书店的黄金陈列区

每个书店的卖场由于其自身结构和动线设计的不一样，其黄金陈列区的位置也有所不同。但是书店只有在准确寻找到卖场图书销售的黄金陈列区后，才能有效地提升自己卖场的营销力。哪些地方会被书店视为自己的黄金陈列区呢？其原因是什么呢？

所谓销售的黄金陈列区应该是指卖场中能产生较高的平效比，而且能起到重点宣传作用的区域。因此卖场里的黄金陈列区应该具备两个特性：一个是销售好；另一个是宣传效果好。

基于此因，书店可以将视野宽阔、人流必经之地的正门、自动扶梯、主通道、收银台出口处等地方归结为黄金陈列区。

上海某书城卖场面积为6000平方米，共分为三层半，其中一楼为社科馆（含社会科学和经济两大类），二楼为文学馆和科技馆，三楼为少儿馆和文教馆，一楼和二楼之间的夹层为艺术馆和音像馆共有。书城重点布置陈列的核心区域，主要集中在一楼特别是进口通道，这里视野宽阔、人流量大，是书城最为重要的黄金位置。

同样在北京某书城里，销售的黄金区域是在主要通道、进出口的地方。对书城来说，因为有时候顾客较多，为此设有多处进出口，这样可以最大限度地方便顾客。从不同的门口进入，将会进入不同区域，有利于顾客有选择性地进入书城，从而也减少了从一个门口进入的拥挤情况。这些地方也就成了黄金陈列区。收银台也是一个很重要的地方，可以说是顾客的必经之地，那里随之成为销售的黄金地段。

我们也可以对自己书店的黄金陈列区采取一个集中、多个分散的动线设计方式，让黄金陈列区分布在零售卖场。其中“一个集中”主要是店内人流量最大（一般是入口处）的地方设一个畅销区，这个区域集中了店内的新书、畅销书、重点书等。而“多个分散”的则是分布在各大类片区，一般在各大类片区的显要位置（如区域入口处或是通道边），设立重点陈列台，主要展示该类书中的新书、畅销书、重点书等。

主题陈列赢得效益

现在，书店展台推荐的一个普遍现象是“唯新是举”。书店愿意推荐新书，但这样却无法突出主题，把书店办出特色。在一个主题下，书店应该把好的书做连带展示，为读者提供更丰富的信息。那么如何做主题陈列才能赢得效益呢？

1. 不能流于形式，实效最重要

书店的主题推荐大多会配合一些社会热点、节日等做活动，这样一方面方便了读者找书，另一方面还可以刺激读者的购买欲望。

卖场的主题展示和上游的产品结构有很大关系。以“五四”青年节为例，书店里可以推荐的产品并不多，摆出来的都是青年类的。

出版社关注的是卖场主题展示是否有效果。书店的主题策划应该有明确的目的性，有一个预计效果，事后也要有评估和总结。众多的同类产品摆在一起，尽管有竞争，但可以相互拉动。从整体上看，能够放入书店做主题推荐的产品还是很少的，产品营销的主体还是插入书架，这是一项长期的工作。

现在，部分图书分类不太科学，书店做主题陈列也算是一种补充和调整。有想法的书店，会随时根据当地读者的需求调整卖场的布置。当然读者的阅读习惯各不相同，主题的确定和划分也是没法标准化的，但是不断地推出主题、展示新的产品，会给读者一种常变常新的感觉。

2. 抓住读者心理去陈列

书店做主题陈列或者推荐，最重要的是把握住读者心理和社会热点。同时，书店更应该和出版社合作，挖掘出每个社会主题的内涵，哪怕展示有争议的东西，只要能提炼出一定的内涵，针对了某一种现象，吸引读者参与进来就有意义。

书店做主题推荐应该注意对本地读者的把握。不同城市的关注点是不一样的，大城市的经济关注度高，小城市里个人倾向比较强烈。

图书在卖场，最关键的是要摆放到位，并不是与“读者见面率”高就一定销售得好。社科类读者都有购买惯性，精细化推荐对他们更合适；对于大众类图书，主题推荐的促销作用会比较明显，因为读者大多都有从众心理。

3. 主题陈列的向导作用

书店借助主题陈列可以向读者推荐某类书籍，充当向导。上海书城和南京市新华书店在主题陈列方面做得较为出色。

上海书城的主题陈列主要在一楼的入口处进行。一楼的面积较大，设置的主题也较多，其中，旅游、养生是上海书城相对稳定、效果较好的两个主题。南京市新华书店一层的面积不够大，限制了其主题的数量，但优点是主题变化较快并且善于根据时政新闻来设置陈列主题。

4. 畅销书是首选陈列品种

畅销书做主题陈列更合适，新书的销售期就几个月，能放在显著位置的话，销售效果就特别明显。对于出版社而言，常销书所占的品种比例比较大，重印率比较高，销量也比较稳定，所以出版社的新品上架的时候，主题陈列对销售的帮助会更大一点。

一般来说，书店和出版社的这种合作都是共同让利。问题是很多时候书店做活动，码洋是上去了，利润却下降了。所以现在很多出版社做营销也改变了形式，不再是单纯地让利，而是从其他方面着力提升产品的知名度，稳固市场占有率。

5. 随“机”应变做陈列

主题陈列能促进图书的销售，一些畅销书其实是“摆”出来的。主题陈列具有指示性的作用，特别是一些专业性强的图书，如经济类的图书，如果不摆放于主题区，是很难被读者发现的。书店做主题陈列的目的在于满足读者的需求，所以读者的想法应该作为重要参考。

另外，主题陈列的主题也不应一成不变。比如在股市牛市时，书店会选择股票作为主题，将相关图书陈列于股票区；而当股市熊市时，书店会取消这个主题，把股票图书置于其他主题区。

6. 主题陈列要注意的问题

主题陈列是根据门店一段时期内的活动计划而定的。在学生读物和教辅图书的旺销期，很多活动都是以这类读物为主，同时这也是主题陈列的

关键词。

在主题展销和陈列中，有几个问题需要注意。

首先，要分清主次，不要喧宾夺主。主题陈列，最主要的目的还是方便读者购买。全场的活动一般会根据类别来指定不同的主题展台，各个主题之间既要有关联性，又要注意主次。

其次，并非主题展台越多越好。作为一个统一的营销活动，在宣传上要统一，包括宣传画的设计、海报的悬挂等，整个卖场才不会显得凌乱。

不同节假日的主题陈列对于消费者来说，效果是很明显的。好的陈列可以让读者眼前一亮，知道书店在某个阶段在做某种活动，会让那些随机消费的读者产生消费的欲望。此外，书店的主题陈列还应该和动线设计联系起来。比如，可以陈列在读者进门就可以看见的主通道上，以此来吸引读者的眼球。

7. 促销也要加以引导

主题陈列一般与节假日及生活相关的重大事件等联系在一起，如奥运主题、保健主题、党建读物主题、军事主题等。对于书店来说，除了图书的陈列外，还需要以色彩艳丽的展牌设计给读者以视觉冲击，再以悬架海报的方式进一步引导。

暑期主题陈列与平时主题陈列的不同在于，学生是这个时期的重要目标人群。所有的营销活动，如果没有大的变化，都应该以这个目标人群为主。

书店在开展主题陈列时，应该注意三个方面：一是时效性，反应要迅速，要有前瞻性，尽早安排；二是图书选择要新，出版社要“对路”，比如暑期要选择少儿类出版物比较权威的出版社；三是主题展销的位置选择，可以不按现有的楼层分布，临时将重点图书展台搭在显要位置，这样做效果明显，不仅能吸引读者购买，还能吸引媒体的关注。

书店做主题推荐，最重要的是方便读者找书。展台上图书的分类要做到门类清晰，书店应该明确知道，展台摆书不是展览，不能多多益善，众多品种堆放在一起就会淹没那些好书，推荐也就失去了意义。书店的推荐应该是对读者负责，而不能充满浓厚的商业气息。

第六章

开书店不得不学的营销艺术

在琳琅满目的街头，你的书店如何能吸引读者的目光，令他们停步不前？如何让读者回头张望充满好奇，非要凑上前去看个究竟？如何令读者赞叹折服、感叹舒心？如何让读者花钱购书如沐春风、心旷神怡……答案很多，比如一个漂亮的橱窗，一场精彩的沙龙，一个夺目的展示，一张精美的海报，一份精美的礼品，一个亲切的微笑，一句令人心动的话语……

无论答案再多，都属于书店的营销艺术范畴之内。因此，要想经营好自己的书店，只有动心思做好营销，才能提升书店的动销率。

书店如何利用卖场形象做营销

良好的卖场形象是一个真正的品牌书店不可缺少的，可以说卖场形象是书店的“脸面”，其环境、货品陈列展示、宣传广告等无时无刻不在影响读者对书店的整体印象。

卖场是第一商品，直接影响读者对书店品牌的认知，从而确定书店在读者心目中的形象，最终影响读者的购买行为。因此，针对卖场的营销应该从体现书店的品牌形象和卖场的销售功能两方面着手。

1. 用视听营造特色氛围

书店卖场的品牌形象也像其他行业卖场一样，首先应该创造投合顾客趣味的氛围。这种氛围应该从卖场布局安排、装修装饰、张贴的宣传画与提示标语等，也包括书店播放的影像与音乐方面，即视、听两个方面去营造。

在视觉方面，环境氛围的营造要符合书店的定位，体现书店的特色。如以生活时尚类图书为主的书店，可以体现轻松、明快、活泼的特点；以人文学术为主的书店，可以体现安静、优雅、具有浓厚的文化学术气息的特点；以少儿类图书为主的书店，可以体现生动活泼的特点；而一些专业主题书店，则更应体现专业特色。

视觉形象特点传播给读者最直接的途径，是通过具体物品的形态体现出来的，包括工作人员的服装、书架的颜色、装饰品的样式、宣传品制作的风格、店堂营业工具的选择和摆放、宣传海报的张贴等，这些体现卖场形象特点的元素都会让读者产生某种看法或认识，从而影响到对整个书店的品牌形象的基本认识。所以，书店工作人员在平时就应该注意这些和书店的定位或风格协调统一。

在听觉方面也一样，播放的音乐应与书店的定位相吻合，体现和谐一致的原则。如在儿童书店播放少儿歌曲音乐，在时尚书店播放流行音乐，在人文学术书店播放古典音乐或轻音乐等，就体现了播放音乐的类别与书店定位的和谐、统一。

只有在视觉、听觉方面和书店的定位（或主要顾客群喜好）协调一致，才能营造投合顾客喜爱的卖场氛围。

2. 三个层次提升卖场形象

提升卖场形象可通过以下三个层次去做。

（1）有规矩——卖场基本要求

具体来说，卖场的基本要求包括卖场清新整齐、清洁卫生、过道通畅、灯光明亮，物品陈设摆放“有架有位”，各种标识清楚准确、宣传品贴挂位置合理，内容正确、整体氛围和谐，有一定的书香氛围。

（2）有趣味——迎合顾客的喜好

在满足第一层次要求的基础上，卖场还要有点个性，体现一定的趣味特点。这一趣味特点可以通过具体的物品体现出来，如选择的点缀装饰品、摆放的盆景绿色植物、有特色的色彩或灯光设置、给顾客提供的座位或茶几式样等最能明显体现出来趣味特点。

（3）有主题——突出书店的主题思想和定位特点

书店卖场形象还应有明确的主导思想或主题思想，这个思想应贯穿于卖场规划、装修风格、点缀装饰、招贴宣传、播放的音乐、书店举办的营销活动等方方面面。

广东学而优书店童书坊在店堂空间规划设计、店堂色彩选择、陈列物品安排、营销思路等方面都强烈体现了“提供全新的阅读体验环境，是一间具有主题风格的少儿书店”这一主导思想。童书坊内高低错落的设计，

体现了非传统书店的阅读空间，其中亲子阅读区及依据不同年龄阶段阅读倾向而设立的书柜、立体书和音乐图书专柜、进门通道的七彩霓虹灯、店内的装饰动力火车等，无不体现出童趣的特点。让成人家长与孩子进行互动的“故事会”，是少儿主题书店的一个亮点。

3. 分区位考量平效

针对卖场的营销，还应该从每个区位着手，去实现卖场销售价值的最大化。

卖场的销售价值从卖场的坪效中体现出来。考量卖场的坪效应该体现不同的区域、架位产生不同价值的原则，如书店的“黄金陈列区”应该以体现最大的价值来考量。

按照上述坪效观点，不同的区域、架位要体现相应的价值，那么我们在针对卖场本身营销的时候，可以建立区域或架位与销售对应的考量指标，根据卖场的不同位置，设定不同的销售目标，然后根据这个目标分析实际情况和指标之间的差距。根据这个对比数据对图书类别、品种、数量、规模等进行适当调整，让某区域或架位所产生的价值与该位置相匹配。这里所说的价值，不能单从销售利润方面来考量，该区位所起的宣传作用也是一个方面。

因此，在以坪效为标准来调整区位图书类别时，要特别注意两点：一是卖场图书分类线建设，切不可简单地把某个产生销售额不高的类别从原位置挪移；二是考虑某类图书对书店品牌宣传和氛围营造所产生的作用，如某些书店将周转慢的人文学术类图书摆放在显眼的黄金位置，目的是给读者传播书店的品牌形象，并不完全是从销售的角度考虑。

书店淡旺季的差异化营销

旺季营销是为了实现销量最大化，淡季营销则是为了获取成本与收益的平衡，同时保持一定的市场占有率。

销售是生命线，零售书店对商圈内读者的流向、如何吸引竞争店的读者到自己的店购买图书以及购买多少图书最为关心。可以说，没有销售就没有一切。对于大型门店来说，销售中面临最突出的就是淡旺季的营销问题。如何做好门店淡旺季营销工作，实现淡季不淡、旺季更旺是书店卖场销售工作的重点。

1. 三招帮助旺季上量

旺季营销的目的是“上量”，很多书店在旺季做了不少工作，但是销量却并没有很大突破，为什么？怎样做才能让旺季有个好收成，实现销量最大化？在旺季运作中，只要抓住三大重点，就可以成功地实现旺季销量最大化。

（1）备足货源

这是旺季前期准备的重中之重，是工作的核心。书店必须在充分调研本地图书市场的基础上最大限度地做好备货工作，铺货率和铺货量都要达到最高峰。备货不仅要备数量、备码洋，还要备品种、备时间，要注意多品种有效组合。各个层面读者的需求在旺季时都会扩大，图书品种推广在突出主打品种的同时，还要善于打“组合拳”和“迷踪拳”，有效对接不同层面的读者需求。

（2）“火上浇油”

进入旺季，书店必须“火上浇油、趁热打铁”，而不是坐享其成，丧

失良机。在这一阶段，需要考虑的是该浇什么“油”？如果这盆“油”浇不好，就可能引火烧身。因此“油”就是适度促销和重点促销，并要掌握好促销的火候，方能达到销售最大化、效益最优化的目的。

（3）“锦上添花”——借势延长旺季周期

做好前两项工作，旺季的工作就做好了 90%，接下来要做的工作就是把剩下的 10% 做好。做好这 10%，就在旺季工作的“锦”上添了一朵漂亮的“花”。有些书店会因前两个阶段的成功而陶醉，忽视了后续工作，不能有效借势于前期的销量势能，延长旺季周期，全面延伸其他类商品销售；而有些书店会因前两个阶段的胜利而头脑膨胀，采取过于激进的措施。在旺季的后期，书店既不能无所作为，也不能为所欲为，最适合的度就是能够“点到为止”。

人无远虑，必有近忧。要把上述三个阶段的工作做好，绝不是到了哪一个阶段才去制订该阶段的策略和计划。书店的营销人员要在每个旺季到来之前，通过对市场竞争态势以及书店自身状况的综合分析，拟订一个可行、完善的旺季策略，并在执行的过程中善假于物，灵活应变，以实现旺季销量最大化。

2. 淡季营销观念先行

进入淡季，书店不免会有一种失落感。销售旺季那种不停地订货、调货、卖货的景象没有了，取而代之的是“门庭冷落车马稀”。在这种情况下，怎样才能让销售淡季变得旺一些，给旺季的销售打下一个良好的基础，在淡季里有所作为以达到利润最大化，从而实现淡季不淡呢？为此，营销人员必须洞悉市场淡季需求，抓住这种需求，努力提高销售业绩，彻底改变传统的淡季营销思想。

事实上，书店与其他商业企业有所不同，我们只要深入透彻地分析影响销售的具体原因，再加上创新，书店完全能在淡季实现旺销。

首先，书店在销售淡季应充分利用淡季市场的空间与时间调整销售的图书结构、加强销售管理、做好品牌形象的建设和维护、旺季销售准备等工作。其次，淡季营销并非以达成淡季的销售超过旺季为目标，也并非以提高销售为唯一目标。所有的营销工作都必须尊重市场经济下读者需求的变化，把握淡季市场脉搏，取得良好的市场回报，获得最大程度的收益。从成本收益角度考虑，淡季营销的目的是为了在销售淡季取得成本与收益的平衡。从市场竞争的角度，淡季营销是为了保持一定的市场占有率。

归根结底，从根本上来说，淡季营销就是为了保证书店在变化的市场中始终处于良性的正常运转状态。书店要想在销售淡季提升销售业绩，必须改变经营观念，树立“销售无淡季”的思想。面对如季节般轮换的淡旺季交替，只有以积极的心态引导消费，方能走出销售淡季，提升销售业绩。

（1）拓展思维空间，寻找淡季中的不淡点

在经历春节和开学周的书店销售高峰后，部分读者的购买积极性已经有所减退，但在淡季里从品种、时间点出发，书店还是有许多销售卖点可寻。在 3 月，随着新学期和新一轮各类认证考试的重新开始，书店的店面营销可以向书店教辅产品、考试类图书靠拢，通过图书展销、让利促销、举办学习讲座等方式吸引学生、家长进店购买。而在 4 月，很多书店都将 4 月 23 日的世界读书日作为本月营销重头戏，希望通过组织以“全民读书活动”为主题的各类营销活动实现销售增长。

不少书店将活动时间提前到 4 月中旬开始，期望通过大范围的活动来突破淡季销售瓶颈。这种做法对于资金充裕、实力雄厚的大书店而言无可厚非；但对于营销费用有限的书店来说，采取其他类型的营销活动可能更为实际。在 4 月这个适合郊游踏青、旅游的季节里，中小书店通过举办相关旅游类、休闲类图书展销，为即将到来的世界读书日活动预热，也不失为一种可取的办法。面对淡季，营销人员要善于从不同类的图书中寻找旺

销类的图书，要善于从时间上寻找淡季中的旺销时段，从而抓住淡季中的旺销点，实现淡季不淡的目标。

（2）以点带面进行适度优惠促销

书店在举办重大活动时往往会进行价格促销，而在淡季这种促销方式效果会更明显。调整图书价格促销主要有两种形式：一是降低图书单价，以折扣的形式加以体现；二是图书单价不变，以买赠的形式体现价格上的优惠。这两种价格促销方式，买赠的方式促销对书店的好处更多：对于读者而言，花一本书的钱买两本书或获得精美礼品，读者会认为得到了很大的实惠，激发其购买热情，赢得更多读者的支持；对于书店来说，赠送的物品可以选择以书店的库存、积压图书为主，带动销售的同时减少库存，为新上市的图书腾出空间。因此，淡季中以点带面的适度优惠促销可能会给我们带来意想不到的效果。

（3）主动出击，加强对成熟读者的培育

在淡季中更需要关注书店的老读者，加强对忠实读者的宣传推广，提高进店读者的购买成功率。为此，书店必须重视忠实读者的培养，可以通过读者联谊会、定期新书推荐、读者会员俱乐部积分返还等形式扩大忠实读者的队伍，形成淡季销售的有效支撑。但需要注意的是，在发展读者俱乐部会员时，千万不要以数量取胜，要注意发展有效会员。

（4）加强业务练兵，为旺季促销打好基础

书店的许多工作岗位烦琐而单调，尤其在书店销售旺季，工作忙起来就没有时间概念，负担重、压力大。在淡季，书店人流、客流相对较少，除了一些节日营销外，书城的工作重心可以向员工身上进行适当转移，对员工进行一些系统培训，如有针对性地进行图书推销宣传技能、书店海报的设计、图书陈列的技巧等方面的学习，也可以就这些内容开展技能比赛，让学习变得有趣，为旺季促销打好基础。

(5) 走出店堂，全面拓展图书团供市场

大型门店需不需要走出店堂呢？这个问题一直以来就有争议。认为不需要的理由是大型门店立足卖场就可以了，不愁没有客户，生意都来不及做，没必要到处去拉生意，这是中小门店的事情。而认为需要的理由则是在市场竞争异常激烈的今天，适度地走出店堂能更好地发挥大型卖场的优势，也可弥补淡季门店的销售下滑，因为零售的淡季往往是团供的旺季。综观团供市场，可以说是进入了战国争雄时代，民营书店、大学代办站、出版社读者服务部、部分出版社发行部都对此市场虎视眈眈，对我们新华书店形成了合围之趋势。

面对激烈的竞争，我们必须从转换经营理念入手，改革现有发行模式和办法，方能收复失地，逐步巩固团供图书市场。

书店节假日营销应注意的要领

元旦、春节、世界读书日、劳动节、中秋节、国庆节等重大节日都是书店提升图书市场销售经济增长点的有利时机。作为经营主体的书店要仔细研究读者的消费心理、购买动机，琢磨读者的阅读习惯，分析市场行情，在卖场布置上尽量刺激读者的消费欲望，从而实施购买行为。

1. 销售氛围要营造好

节日的图书销售要在卖场营造一个良好的销售氛围，这是吸引读者眼球，做好图书销售的前提。在这个特殊的销售时段，要使读者一进卖场，就有一股扑面而来的浓厚节日气氛和浓郁的书香气息，从而达到刺激他们的感观，并产生购买行为的目的。

针对节日期间的图书销售工作，在营造销售氛围上要注重“包装”。

一个成功图书经营场所的布置，充满喜庆和欢乐的气氛可以给读者一种温馨的感觉，刺激读者的购买欲望。寓意团圆、祥和的装饰物是元旦、春节、中秋节期间图书经营场所布置的上上之选，用横幅、装饰品、气球等可烘托出节日的喜庆，同时也给读者带来一个好心情。

2. 做好图书陈列工作

读者进店，不可能对所有的图书全部浏览，如果要吸引读者，巧妙的陈列方式对读者来说就是一种较强的视觉广告。经营者可在醒目的图书陈列柜上对热点、畅销图书进行造型设计，因为读者大多追求新、奇、特，这些位置读者的注目率高，实现销售的概率也高。同时将常用的、已经打开市场被读者所接受的图书放在一般的陈列柜面上。

3. 尽量丰富图书的种类

要做好节日期间的图书销售工作，赢取更多的利润，充足的货源是首要条件。在节日来临之前，仓储、业务部门要根据市场行情提前进行图书的购进与储备工作，不能事到临头又要忙销售，又要忙进货，顾此失彼。同时，在图书销售过程中，要及时做好货源的盘点工作，发现储备不足的货源要及时想办法进行补缺，以防脱销，影响效益。

4. 特价图书的标志要醒目

在节日图书销售期间，可以对一些库存积压的图书、滞销图书进行特价处理，并以此招徕人气。因此，在这个时段，经营者要利用卖场内有效的空间用大幅的海报、醒目的图示来提醒顾客，如现在正在搞处理、优惠、促销等特价销售活动，有时特价图书的价格要用醒目的、刺眼色彩标出，并写上原价，通过前后的对比和反差感，让人觉得不买就亏了似的。

5. 活动的宣传要到位

在节日期间，一般书店都会举行一些有效的促销活动，此刻，要抓住这个有利的机会，广播、电台、宣传单、门店海报、门店标语等要大张旗鼓地宣传，以提升书店形象，造大销售声势，这样，不仅能使图书销售出现一个质的飞跃，效益也会得到有效的提升。

同时，在节日的销售期间，书店会进行让利、赠送小礼品等活动，对待读者该送礼品的送礼品，该让利的让利，坚决让读者“满意来、满意归”，不能因为小环节的纰漏而造成声誉的影响和顾客的流失。

图书店堂营销四字真经

书店的根本任务就是销售图书，这也是书店最根本的营销目的，针对图书的营销就是采取有效手段，把图书的“卖点”传播给读者。店堂针对图书的营销手段很多，最基本手段可以概括为四个字：“说”“读”“看”“听”。

1. “说”——导购推荐

书店导购员的基本职责就是导购图书，而做好导购工作，则需要积累丰富的图书知识，把握导购的时机。

书店的图书品种纷繁，这就要求导购员首先要积累丰富的图书知识。如果书店规模大而不能对全部的图书完全了解，至少也应对本人所负责区域的图书有充分的了解和掌握，平时应多学习、多积累。

这种学习和积累，除了看书、读报之外，利用工作中对图书的接触是最简单有效的方式，如书店每次到的新书只要是属于自己区域的，都要翻

阅浏览，以掌握新书的信息；可以查看每天的销售报表，关注本区域的图书销售情况，对销售数量排行在前的那些品种，要进一步去翻阅。长期坚持下去，导购员掌握的信息多了，给读者提供讲解或推荐时就有内容可说，也就有了说服力。

导购员很难对每本图书都进行深入透彻的了解，应侧重于对图书的要点和一些基本信息的把握上。比如，查看版权页，掌握该书的基本信息；浏览前言后记，了解该书的作者是哪方面的专家或学者，在哪个学科领域有成就，他们的主要作品有哪些；翻阅内容简介，了解该书的内容范围，该书适合哪类读者阅读；如果书店还有同类书，那此书与彼书的区别是什么，等等。

读者在集中精力选购图书时，一般忌讳被别人打扰。因此，导购员在导购时要把握好几个有利的时机，比如，读者在东张西望没有目标的时候，读者想询问的时候，读者与我们对视时，都可以主动询问读者需要哪方面的图书。还有，当读者已经在翻阅某本书的时候，我们可以告诉读者关于这类的书还有哪些，并一一找出来给读者看，并做适当的介绍和推荐。

在了解图书的前提下，还要了解读者，如了解读者的阅读需求，了解读者购买此书的目的，只有对这些都有了了解，才能推荐出最合适的图书品种。

2. “读”——图文推荐

让读者通过阅读图书宣传资料的图文来推荐图书，这种方式也是店堂常用的方式。店内图文推荐的形式有如下几种：

①图书海报。图书海报一般是出版社随新书配送到书店的，有的是单张海报，有的是X展架的形式。展示或张贴这些海报，读者很容易看到，从而起到了广告宣传的作用。

②宣传手册。即就某本书或某系列图书编辑的宣传手册。该类手册一般是用来寄送读者或放置店内供顾客索取的。

③“剪报”推荐。各地的报纸一般都有图书的推荐栏目，书店可把有关图书推荐的文章裁剪下来进行装裱、张贴，让逛书店的读者阅读。

④电子邮件。编辑图书推荐的电子邮件，发送给特定的读者，让读者及时掌握图书信息，激发读者前来购买。

⑤手机短信。编辑图书推荐的短信内容，发送给特定的读者。

⑥排行榜。编辑书店的销售排行榜，是从销售量上对图书进行广告宣传。某书购买的读者多，说明该书适合的读者面就广，那就有可能被更多的人关注和购买。

3. “看”——陈列展示

陈列展示不仅是图书的储存手段，更是一种营销手段。图书陈列展示的水平和技巧如何，直接影响图书的销售。因此，合理的分类、有序的陈列、巧妙的展示，不仅能让读者迅速找到自己需要的图书，还能有效地吸引读者的注意力，关注书店想要推荐的图书。

因此，运用陈列展示手段营销时，不但要讲究逻辑，讲究技巧，还要讲究艺术性，这样才能发挥展示的最大作用。如图书分类陈列时要有明确的分类逻辑，这一逻辑关系要能让读者很容易看出来，方便读者找到某个类别的图书。

在选择展示的图书品种时，要尽可能地选择容易让读者产生兴趣的图书，增加读者拿取翻阅的机会。对涉及交叉学科、成套但不在同一学科范围的系列套书，可用分拆的方式分别陈列展示在不同的类别里，以增加图书被读者发现的机会。开本大而厚的图书放在离视线远的地方，开本小而薄的，放在离视线近的地方。图书外观色彩相近的也要注意错开摆放，便于引起读者的注意。

迎合热点，进行相关图书的陈列展示，往往是抓住读者兴趣的有利时机。遇到热点事件，可以围绕该热点的主题，收集相关图书，进行主题性展示，最容易吸引读者的注意。

当出了某本畅销书或新书的时候，可以把与之相关的书放在一起展示陈列，这样带动另外图书的销售，这也是一种技巧。

4. “听”——音像演播

音像演播即在店内播放图书宣传资料的广播稿或影碟（或数字文件）。因为读者一般不会专心看图书介绍的影碟播放，但耳朵是闲着的。哪些途径可获得相关音像演播资料呢？

①书店人员编辑广播稿。书店可以根据具体的情况，编辑系列图书推荐的广播稿，安排人员现场广播，也可以把播报的内容事先录制好，然后重复播放。

②从电视上录制。部分电视台有读书节目，我们可以把它录制下来，在店内进行播放。

③图书附带的光碟。这些光碟因为是随书附带的，都是和图书内容不可分割的，播放这些光碟自然能起到宣传图书的作用。

④自行拍摄制作。有条件的可以自行拍摄图书的宣传片，然后用于店内播放。

做好店外营销的四个方面

近几年，随着商铺的租金大幅上扬，房租几乎成为许多书店的“不能承受之重”。即便是那些店内销售做得还算红火的书店，辛苦一年，核算下来多半只是略有盈余。

书店要想获得“丰厚利润”，还必须设法进行店外销售。店外销售通常有如下四个方向。

1. 团购

如何拓展“团购”是每个书店都很关心的问题。关键在于找出有销售机会的“团体客户”，并与之建立联系和信任。书店寻找团购客户的途径主要有：

①书店主人及员工的社会资源（如与某些机构或单位的负责人有亲友关系，这是目前许多书店团体销售的一般途径）。

②发掘、善用某些会员的特殊身份资源。比如，会员自身就是某些机构或单位的负责人，如果他对书店的服务很满意，沟通得也较好，他就有可能提供批量图书采购的机会给你；或者，一些会员本身并没有提供“团体销售”的能量，但他是潜在大客户内部的人，可以提供情报甚至牵线搭桥，促成你和他所在的单位进行批量图书交易。

③书店的品牌及口碑效应，使一些单位客户慕名而来，联系团体采购业务。

④书店主动出击，去一些单位上门联系、推销图书。这类“团购”拓展，要有明确的针对性。如向学校销售教辅书、向某些单位提供图书馆装备、到商业公司推销励志方面的书等。

无论上述哪一种“团购”途径，你都要善于找“话题”和“事件”推销。

2. 展销

书店还可以在合适的时机，拿出一批图书在某个合适的场所（如广场、市集、学校、写字楼、办公楼、小区等）进行现场图书展销。展销一来可以增加图书销售，发展更多会员；二来可扩大书店的知名度和影响。

获得“展销”许可和机会的办法，与获得“团购”机会的方法类似。同时非常重要的在于与人分享利润。

3. 分销代销点

设分销代销点就是与外单位合作，你的书店提供图书，对方提供场地或人员，销售利润分成的方式。一般常见的是在宾馆、超市、会所开办这种代销点，分销图书。

这种合作方式很简洁，只要和对方确定某个结算折扣，提供图书给他们卖，销售不了的接受退货，丢失损坏的对方负责即可。

4. 网上销售

现在，很多购物网站（如“淘宝”“易趣”“阿里巴巴”等）都能够免费申请到自助的“网店”空间，后台操作也非常简单。放上你的特色图书，时常更新，你就可以开始网上售书了。

购物网站本身会给你带来一些流量；书店还可以在本地进行各种宣传时，顺带介绍你的“网店”，特别是微信、微博上的链接；另外，如果你的特色图书品种够多，读者也很可能在网上搜索时，被带到你的“网店”。使用“支付宝”，或者“送书上门，货到付款”，这些网上交易就可以轻松完成。

不可忽视的营销细节——书店内的标识与提示

书店是城市的地标，是城市错综复杂的脉络中清晰的记忆风景。一位英国诗人说过，一个卖书人不仅是为了谋生而贩卖纸和油墨的混合物，他其实是在销售人文、智慧与经验。书店对读者的关怀正是这样一种销售理念的体现。而书店的标识与提示虽然只是书店人文关怀中的一个细节，却可以体现出书店用心的程度。

书店里的提示一般可以分为这么几种：基础设施提示、安全提示、导购提示、畅销排行与好书推荐、新书到货及推介、活动提示、细节性的友情提示等。而告知读者的方式，除了以文字图像的方式，还可以通过广播播报。

基础设施提示与安全提示是书店作为公共场所必不可少的。基础设施提示是在显眼处标注一些公共设施的方位，起到导引读者使用公共设施的作用，使读者熟悉卖场的布置。比如标注卫生间、收银台、安全出口等公共设施的位置所在，让读者对卖场布局一目了然，轻松度过在书店逗留的时光。

安全提示是提醒顾客注意防止意外的发生。比如，在北京图书大厦看到这样一些提示，在电梯入口处有乘梯安全的提示，在各楼层都有疏散位置图，在玻璃门窗处有“玻璃请勿靠坐”的提醒；中关村图书大厦电梯上则标注了老人、儿童需要陪同乘坐，以免发生危险。而在王府井新华书店，则有“谨防偷盗尾随，增强安全意识”这样的提醒；在三联韬奋图书中心，上楼处有“小心地滑”的字样，而其一向为人称道的旋转楼梯处，则有“楼梯扶手一侧请不要坐靠”的提醒，让在这里看书的书虫们坐得温馨而从容。光合作用书局则有“请保管好您的贵重物品”的贴心提示。

导购提示包括楼层标识、图书分类，这样读者可以很快地找到自己所需要的书。中关村图书大厦在一层大厅设有各楼层图书分类表，读者进入卖场之前就有了一个直观的印象，起到了很好的指示作用。另外，其将各楼层大分类与每个书架小分类相结合使用，这样一来，读者不需要再盲目找书，能够有目的地、很简便地找到自己所需要的分类。在光合作用书局，一楼相当于书店的引子，随处可以看到“二楼更多好书”的字样。

畅销排行与好书推荐、新书到货及推介在传达给读者丰富信息的同

时，也带有一定的导购的性质。中关村图书大厦在各层都设有各类图书排行榜和新书推荐榜，并且与相关图书一处张贴摆放，读者取用方便。在一楼大厅还有总排行，让读者能够了解各个种类的畅销书，指引读者浏览、翻阅。万圣书园，本来就别有洞天的店堂因为小提示的存在而显得更加有立体感。在推荐图书时，书店并不使用充满营销色彩的术语，而是用“请读”“请关注”等相对平和的说法，让读者更加容易接受。

活动提示是发布一些活动信息，包括特价、打折、赠送以及书店其他特别活动。

提升销售指标的营销之道

如果你的书店已经开业，那么你现在最费神的事情就是让书店的销售业绩日渐增加，让天马行空的营销创意变为有的放矢，让千头万绪的思路有效聚焦。这是每个书店老板必须要做的事情。

在商品零售理论中，有 4 个对比指标直接影响着店铺的销售额——客流量、购买率、单次购买量、回头率。也就是说，这 4 项指标成长得越好，零售店的销售业绩就提升得越快。

1. 客流量

在书店开业后，自然的“行人流量”基本稳定的情况下，我们还可以不断通过广告、促销活动等手段招徕较远处的新读者。

各地都有很多报刊、电台在办（或准备办）阅读栏目，他们也希望获得最新的图书资讯，以满足栏目的内容。你如果能够与报刊、电台等媒体联系上，和他们的阅读栏目交换资讯，即书店免费提供最新图书信息，媒体免费刊载、播报“本栏目由 × × 书店协办”或是“本栏目新书由 × × 书店提供”。

你还可以在本地论坛上发帖子或开博客谈自己店里新到的书，转贴精彩的书评与书摘，组织各种读书活动，肯定会有不少喜欢读书的朋友不断加入其中，互相交流和讨论。这些互联网上的“阵地”完全可以成为书店与读者之间的活动门户与情感纽带。

需要提醒的一点是，发给媒体和发布到网上的资讯一定要有料、有趣、有情感，切不可随便堆砌文字垃圾，那绝对是吃力不讨好。

2. 购买率

如果读者已经来到书店里，但没有购书就走了，这样的客流实际上是无效的。只有想办法让更多的读者进来了就一定买书，书店的销售才会成长。

比如，你可以在书店的收银台上设一个“惊奇一天”的小书架，每天以“进货折扣+5%左右”的价格，特卖一种图书，特别是时下很受欢迎的好书。需要的时候可以注明“每人限购一册，此价仅售一日”云云。

也许你今天在这本书上没有获得什么利润，而且一开始好像对销售也没有什么明显的促进。但只要坚持这个策略，你不久会发现——读者一进店内就决定购书的情况会越来越多。当然趁着兴头，他们多半不会只买一册书，如果是专门从远处来的读者，更不会购一册书就走。

更重要的是，会有越来越多的读者从远处来你的书店购书，而且来得越来越频繁。再者，肯定会有读者在心里牵挂着那个“惊奇一天”，想去看看今天重点打折的是什么书呢！

3. 单次购买量

读者们在你的书店里购书，每次购买的数量就是“单次购买量”。只要“单次购买量”有所提高，即使每天购书的读者总数不增加，书店的销

售业绩仍然可以提高。如何提高“单次购买量”，可以参考以下几个营销例子：

①将同一作家的作品，如将《文化苦旅》《千年一叹》《行者无疆》等余秋雨的作品全部陈列在一起。或将同一话题的图书，如《人体使用手册》《无毒一身轻》《求医不如求己》等自助保健的图书搁在一块。总之，每个书架里的图书都应该做到像是一个接着一个的小专题。

②设立一个价格鼓励制度，如一次购买100元以上，可以享受九七折；一次购买200元以上，可以享受九五折……以此诱导读者向这些高数额靠拢。

③鼓励店员提高自己对图书的了解，使他们能够不失时机地向读者推荐相关图书。例如，有读者购买《带一本书去巴黎》，除了推荐林达的其他作品，还可以告诉读者“林达是带了一本雨果的《九三年》去的巴黎，《九三年》这本书恰好也有”……

4. 回头率

生意人都知道回头客的重要性，这是不言而喻的。书店只要将环境、选书、布置、折扣与服务等工作做好，让读者感到舒服、轻松、温暖、实在，回头的读者就一定会越来越多。

太极销售法与恰到好处的推荐

1. 太极销售法

读者选好要买的书后，都想得到最优惠的折扣，尤其是一次购很多书的读者，于是讨价还价不可避免。在对方提出接近成交的价位时，不要立即说行。而是询问一下别的售书人员这个价位能不能给，而别的售书人员做一个配合说通常不能给，这时你再决定给顾客一次例外的优惠。这样给购书的读者一种砍价的获胜感，生意就很容易做成了，也给读者留下了深刻的好印象。这种销售法称作太极销售法，其要领是售书人员要配合默契。这种经营技巧适合任何购书的读者。

2. 恰到好处的推荐

大家都知道在书店里向读者推荐新书、好书是一门大学问，有这门功夫需具备很多知识，但有一些技巧对普通店员还是行之有效的。

不厌其烦的推荐会使读者感到讨厌，起不到效果，所以选择在读者结账时，根据读者已选购的书的类别推荐，并且尽可能地推荐该类别的新书、好书，会使读者有一种共同兴趣的认同感，“投其所好”往往能够成功，既增加了你的销售，又使读者感到满意。

这个时候推荐还有另一个重要的好处是：读者已决定掏钱购买了，不会再为多掏一点钱去考虑。这样的推销恰到好处。

个性小书店的营销新花招

打折、买书赠礼、主题书展、签名售书可以说是书店最常见的促销手段了。讲座、沙龙、组织观影、开故事会等也是书店营销的惯用手法。除此之外，还有没有什么新奇好玩的活动适合书店举行的呢？下面就给大家介绍一些有趣的书店活动。

1. 换书活动

北京某书吧自开店以来，一直在做一种名为“涂书置换”的活动：全

款购书，阅后返还时此书的50%款额冲抵下一本书的购书款。依此类推。例如，读者购买一本20元的书，阅后返还时，即有10元（不折换现金）可用于下一本书的购买。书店鼓励读者在书上任何地方批注，留下感言、评论或其他；此书即进入“分享者”书架，成为读书置换专用书籍，供其他读者交换阅读。在旧书摊买过旧书的人都知道，上面写有评论的旧书还卖得好，价钱还贵。涂书置换也算是一种租书，但又不同于一般租书，因为这项活动让读者有一种参与感。

这一活动是需要大家去习惯的，要给店长足够时间引导，让他觉得往书上涂东西是一种乐趣，读者也许会参加这样的活动。活动成本不高，操作相对简单，比较适合读者群固定的社区书店采用。依此类推，社区书店还可以作为社区跳蚤市场的场所存在。

2. 格仔铺

什么是格仔铺？就是在一间店铺里面设置一个一个格仔，每个格仔收取一定的租金，租出去给商家放一些潮流、玩具、自制商品等，再由店铺里的人员负责销售，销售所得即归租户所有，简单来说就是商家通过承租格仔，来寄卖商品。这是目前中国香港最潮、最热的创业和购物方式。租用格仔铺的人多为设计师，喜欢做一些手工制品的小商家或是渴望创业的大学生。上海证大艺术书店在开店后不久就设置了格仔铺，用于寄卖设计师的原创作品。艺术书店的读者群与格仔铺的租用者互相重叠，因而这一做法加强了与读者间的联系，巩固了读者群。

这对于想增加经营范围的书店来说是一项不错的选择。适合读者群为年轻人的书店采用，尤其适合艺术设计类书店。

3. “杀人”游戏

“杀人”游戏是一个多人参与的较量口才和分析判断能力的游戏，曾经风靡一时，甚至出现不少专业的“杀人”俱乐部，提供场所和设施供“杀人迷”们一杀为快。如今，一些书店也将“杀人”游戏列入了自己的书店活动之一，例如大连乐活书吧每周都会举行一次“杀人”游戏。“杀人”游戏是增进陌生人之间友谊的有效手段。

这项活动成本不高，操作相对简单。如果把“杀人”游戏看作一种交友手段，我们可以发现，现在有不少书店都在举办类似于交友联谊的活动。

4. 户外活动

北京的一家儿童书店在复活节的周末，分别在龙潭湖公园和海淀公园举办了大型复活节庆祝活动，吸引了大批小朋友和家长们前来参加，除了传统的捡蛋、手工、游戏等环节，还新增添了儿童跳蚤市场。六一儿童节，书店还组织孩子们去郊区采摘。当然了，这类踏青之类的远足多是由读者自行负担费用的。

对于书店来说，户外活动的组织难度较大，书店不但要负责参加人员的安全，成本也比较高。这类活动一般适合于旅游、摄影主题的书吧，或者是形成了相当读者群数量的书店。

5. 会员陪读

一个人读书是否太没意思？为此，一些书店设置了专门的陪读人员。成都锦江区图书馆暨印象外籍人士读书俱乐部就曾设置过“会员陪读”的服务。书店从200多位应聘者中挑出11名“会员陪读”，他们来自不同行业，个个身怀“特技”，其中有海归人士，有外国留学生，竞争激烈，他们的英语水平都在大学英级六级以上，曾经从事旅游、英语培训、美工、医卫、媒体、食品、宠物、文体等多种社会不同职业，其中学历最高的为硕士。

陪读的薪水虽然不高，但是可以引领读者和自己享受读书的喜悦和乐趣。但这个操作难度较大，对陪读人员的素质要求较高。

另类的书店经营赚钱模式

现在国内小型民营书店的生存境况不容乐观，房租涨、人工涨、网络低价冲击，再加上民营书店与新华书店不对等的外部环境，让很多小型民营书店难以为继。像二、三线城市的小型民营书店正在以一天倒闭一家的速度衰落。

那么，小型民营书店该如何在夹缝中生存？还有什么另类的经营模式吗？

1. 私人图书订制

实体书店经营状况不好，除了房租上涨等一些客观因素，还有一个主要原因是人们获取书籍的途径很多，比如网络。因此经营者不妨从网络售书无法完善的服务上下手。时下业内较为流行的就是“私人图书管家”模式，即经营者根据顾客的职业、背景、人际圈，专门为顾客设计一套或几套应该阅读和收集的书籍名录，并负责提供这些书籍。

需要这种服务的人很多，而且都是中高层次人群，特别是一些职业经理人。因为他们平时工作忙，很少有时间自己选择合适的书籍阅读，但是他们又需要不停地阅读书籍“充电”。同时他们家中或者办公室没有适量且符合身份的存书，会让合作伙伴看不起。因此他们急需“私人图书管家”服务。更为重要的是，这些人对于书籍的价格敏感度较低，经营者的利润空间较高。目前一些采取该模式的书店，经营业绩相当突出，平均月赚七八万元很轻松。

不过该方法的瓶颈是经营者如何打开中高端市场，如何让对方接受自己的服务。

2. 与强者联手

具体做法是，经营者以较低的价格承租商场中的一个商铺，借助商场的人气，提升书店的客流量，而商场的物业则从书店的售书流水中按照一定比例获取提成，来弥补租金上的损失。时下一些入驻商场的书店缴纳的租金仅是其他地区租金的1/3左右。这样可以大大缓解房租居高不下的压力。目前这种方法在北京、上海以及江浙一带较为普遍。

该方法的关键是经营者如何与商场“契合”，如商场定位时尚群体，那么经营者的书籍就要以时尚类为主，否则很难改善经营现状。

3. 走“专而精”路线

经营者还可以走“专而精”路线，即将综合类书店改为女性书店、体育迷书店、漫画书店等，虽然经营品种大幅减少，但是由于目标顾客定位十分清晰，经营业绩不会太差。像上海有一家女性书店，除了书店销售的书籍都是适合女性顾客以外，还定期举办一些诸如烹饪、手工、星座、塔罗牌、理财、职业规划等讲座，增加互动。这家书店“改版”为女性书店后，月经营业绩提升了30%。

当然这种专业性书店，销售图书期刊的收入只是赢利的一部分，甚至是一小部分，这类书店的主要利润来源于相关辅助产品的销售以及部分产品的广告。如动漫玩偶、烹饪用的小电器、女性化妆品、理财产品等。

4. 选择性的经营

经营者完全可以根据书店所处地理位置，调整一下主营书籍种类。如在社区附近，经营者可以主打养生、烹饪、理财、教辅之类的图书、期

刊；在写字楼附近，经营者可主打经管、心理减压、职场规划、励志之类的图书、期刊；在商业街附近，经营者可主打言情类小说、教辅、时尚之类的图书、期刊……

由于顾客针对性较强，有助于提升销量，而且即使顾客要求经营上门送货，也由于距离较近，投资者不用承担过多的物流成本。这种方式在广东省一带颇为流行，部分从业者的利润增幅约25%。

据了解，目前业内一些经营尚可的小书店，“特殊类”图书、期刊占到图书总量的40%～60%，剩下的则是一些其他领域的图书、期刊。

5. 引进新“业务”

现在近五成的小型民营书店都已经开始引入一些新的业务，比如为顾客提供咖啡、茶饮等，或者提供一些适合安静氛围娱乐的游戏，如桌游、棋类等，再或者引进精品专柜，让顾客在选书、看书的过程中还能享受休闲、娱乐、购物。虽然这种方法并不新鲜，但是效果尚可，像上海地区部分经营者通过引进新“业务”利润有所增加，增幅在30%～40%，基本上可将房租、人工等成本上涨带来的压力化解掉。

不过这种方法对于经营者的店铺面积要求较高，经营面积（不包括库房）至少要100平方米。另外，这类做法适合商业街、写字楼附近的书店经营者使用。

6. 坐商变行商

坐商变行商，具体而言就是以实体店作为依托，专门参加各类展会销售图书，每次都会根据展会主题以及参展企业性质，来决定销售图书的种类，虽然看似每次都要支出一定的成本，如展位费，但由于针对性较强，销售业绩并不差。据了解，青岛地区一些采取行商模式的经营者，平均销售额提升了1/3。

不过这种方法对于旅游城市、会展城市的经营者颇为有效，其他地区的经营者效果一般。

7. 额外的电子商务模式

除了传统柜台销售以外，还有电子商务销售。其实对于小型民营书店经营者而言，电子商务营销并不复杂，不一定要像当当网、阿里巴巴那样做。书店只需要申请一个 QQ 群号码，或者在社交网站上注册一个会员即可，再或者注册一个微博。

这种简易电子商务有以下两个好处：一是方便了顾客购书，以前很多顾客因为时间缘故无法去书店购书，如今只需要在网上留言，就能购书，可以有效留住顾客；二是经营者通过网络可以结交大量的潜在顾客，以北京一家书店的老板为例，他从 2013 年年初每天都在微信朋友圈介绍最近的新书，以及一些读后感，结果开通 6 个月后，该老板大约有了上万名粉丝，图书销售业绩一路走红，据了解，月赢利大约有五六万元，比微信朋友圈开通前整整提升了 1 倍，而且现在很多图书公司都主动与他合作。

8. 另类融资模式

现在还有一部分经营者采取的经营方式是“融资”，这种方式在江浙一带颇为流行，其与会员制有些类似，但又不相同，即凡是给书店注入一定额度资金（这笔费用通常不会超过 1 万元）的顾客都可以成为书店的股东。这些股东平时不负责经营。无论书店经营好坏，股东们都可以在一定时间内免费购买书籍（时间长短根据消费者注资多少而决定），如果书店在外来资金的支持下，经营业绩有所提升，那么股东们在每年的年终还能得到一定额度的红利。

对于消费者而言，这笔投资风险并不大，即使书店经营业绩不突出，自己还能免费买书。因此很多消费者都愿意出钱成为股东。而对于书店经

营者，有了资金的支持，现金流有所保证，更加利于日后的经营。

9. 用会员制深度服务读者

很多经营者一看到这个方法就会觉得老套，没错，很多经营者都采取会员制，但是他们都只做表面工作，如会员买书打个折扣，深层次的服务根本没有去做，甚至没有去考虑。如经营者可以在会员生日的时候为会员免费赠送一些小礼物；建立会员档案，每当会员喜欢的书籍种类到货了，就及时通过短信通知会员；定期举办一些图书传播、讲座和分享会；对会员实行积分兑换礼品制度，刺激会员消费……

据了解，广东省、江苏省一带的小型民营书店普遍都将会员服务做到较为极致，其换来的结果就是把顾客“黏住”了，而且会员数量不断地在攀升，销售总业绩也比之前有所提升。

书店需要主动营销

还记得2009年7月22日的天文现象——日全食吗？记得当时的日全食景观只持续了6分多钟。为了这6分钟，各行各业的人们都铆足了劲：这可是商机。一份来自淘宝网的统计数据显示，7月13—20日，日食相关产品销售达8万余件，金额约460万元，与此前一周相比，增幅达到7倍。相关商品中，最热销的为日食观测眼镜，16日、17日，单日销售额超过50万元，是平时的10倍。

不幸的是，相关图书销售在这次日食的产品中是最少的。最高峰的16日，该类书籍销售额仍不满600元，与其他相关商品比较，反差强烈。

确实，与天文望远镜等产品比起来，科普图书的刚性需求要小得多。但是，科普图书就真的在这种事件营销中没有市场吗？

南京新街口新华书店设立了“观日全食，读科普书”暑期科普图书专柜，展出近百种天文、地理等方面的科普读物。尽管天气炎热，但专柜图书销售却异常火爆，其中，《恒星世界》《太阳系漫游》《图说宇宙》《剑桥天文爱好者指南》《苍穹信步》等最受欢迎，每天都能销售上百册。

让书店营销人员非常郁闷的是，找遍了书店的库房，也找不到几本与日食完全相关的图书，只好拉出一个科普图书的单子来充充门面。

上海博库书城与当地街道社区共同举办了“解密日全食”专题讲座，向大家介绍日全食及其观测知识。在博库书城，一些天文科普书籍也非常走俏。在日全食图书专柜上陈列了近百种天文图书，其中《解密日全食》《美妙天象日全食》卖得最好，平均每天都要销售二三十本，差不多是平时销售的10倍。

这两个案例充分说明，这样的事件营销是有市场的。效果如何，完全取决于书店的主动营销意识。

日食的消息早就通过各种渠道传达到了普通人的耳朵里。据说，日食覆盖区域的各家酒店、餐饮企业还纷纷推出了相应的套餐服务。那么，我们的书店有这样做吗？我们有提前就准备好相关的图书品种、在读者中宣传科普图书产品、组织读者有意识地阅读科普产品并促进销售吗？

仅仅是一个专题的图书陈列，每天都能销售上百册的相关图书。如果我们再把主动营销做得深一些、透一些，是否会有更好的效果呢？

就在季羡林、任继愈两位大师去世后，他们的图书开始热销。于是有书店的人员提出这样一个问题：为什么他们的图书要在去世之后才能热销呢？这只能说明，书店的主动营销意识不够。图书不管是什么原因热销，都说明是有市场的。问题在于，我们如何去发现和挖掘这个市场。如果非得要等到铺天盖地的媒体消息来了，要等到其他行业都已经热火朝天了，我们才想起来，也就只剩下最后的一点残羹剩饭。

案例链接

各大书店春节营销攻略

1. 品尝年味营销攻略

活动形式：猜灯谜、写春联、剪纸展等

北京图书大厦开展了以“回味传统文化，感受动感北京”为主题的迎新春活动，其中包括老北京风情民俗讲座，结合老北京的民风民俗讲解春节的由来；邀请少儿京剧团现场表演京剧；在大厦四层现场演示写春联、画年画、捏泥人等中华民间艺术，为读者提供了交流的平台。

上海书城把传统的新春文化“搬”进了书城。春节期间，“趣对春联，喜过春节”活动为喜欢对春联的读者搭建了互动平台；大年初一，上海书城福州路店邀请书法家现场送福字；大年初一至初三“抢限量红包，得免费书券”活动，读者可以在书店开门时抢得派送的红包；大年初二书城福州路店特邀沪上灯谜大师江更生为读者现场出谜；此外，持续至元宵节的“鼠来宝”新春灯谜会，让更多的读者可以在书城的其他门店享受到猜谜的快乐。

哈尔滨中央书店启动了以“新春新书新时尚，好节好书好瑞祥”为主题的2008年新春文化节。2月1—5日，书店特别邀请哈尔滨当地书法家为读者免费写春联、福字；2月7—21日，书店内开展有奖猜谜活动，从正月初一至正月十五，书店还邀请专家到现场讲解猜谜技巧。

北方图书城总店及21家连锁店联合推出“书香五鼠闹新春”系列新春文化活动，以“喜气之鼠”“财气之鼠”“文化之鼠”“e网之鼠”“书箱之鼠”的名号统领了写春联、买赠、网络促销、猜灯谜等新春活动。

北京百万庄图书大厦举办了“闲情雅趣，泼墨人生”书画展，展示作品包括绘画、书法、剪纸、布艺等多种形式；同时，民间剪纸大师李植伟还出现在书城，现场教授剪纸技巧。

充满传统味道的元素，如猜谜语、逛灯会、派财神等活动是传统春节的庆祝活动，越来越受到人们的重视与喜爱，传统过年的方式在近几年中得到了复苏；书店在店面容许的情况下，将这些节日气氛浓郁的活动引入书店，会有不错的吸引客流的效果。

2. 少儿唱大戏

活动形式：相关寒假少儿活动等

北方图书城总店及21家连锁店共同举办“快乐假期，安全护航”青少年安全教育，邀请交通警察、社区警察给孩子和家长带来一场假期交通安全、人身安全、危险识别的公益讲座，为孩子的假期保驾护航。

上海书城为孩子们准备了包括“给孩子们的最好礼物——世界获奖儿童文学作品展”“大家一起来，动手又动脑——趣味儿童手工书展”“我们是小小冒险家”“送给小女孩儿的新年图书”等系列少儿书展。

成都购书中心则组织小朋友担当书城的秩序维护员，通过实践活动让他们掌握一些课本上学不到的知识，培养他们爱护公物、保护环境、遵守社会公德的良好习惯以及做事认真负责的态度，增强他们的团队合作意识，帮助他们成为胸怀开阔、心理健康、勤奋自立的“小主人”。中心还安排了许多游戏活动，通过工作人员与小朋友互动的方式，让小朋友们在娱乐中获得安全知识，并把这些知识灵活地运用到生活中。

孩子是快乐的天使，书店只要把握住孩子的好奇心和天生好动的特点，多组织一些动脑、动手、趣味性的活动，必然能拴住孩子，带来更多的人气与销售。同时，在假期为孩子普及各种安全知识，也是书店提升企业形象的重要契机。

3. 整合文化大餐营销攻略

活动形式：主推各类文化活动等

徐州新华书店中山北路店2008年新年举办了一场读者音乐会。在大年初一当天，光临徐州新华书店中山北路店的读者，凡能够现场演奏优美完整的乐曲一首，均可获得20元购书券一张。台上台下气氛都很热烈，受到了读者的热烈欢迎。

思考乐书店力求为上海大众打造一座以图书消费为主、集其他相关文化业态于一体的“文化公园”。春节时期，大众书局与上海话剧艺术中心等多家剧团、剧院合作，推出“大众书局书话梦幻剧场”。第一场就是和上海话剧艺术中心合作的话剧《恋人》。

从初一到初七，北方图书城开展“天天大片看不停”活动，放映中外经典影视大片。

“买年货看大片”成为新华文轩音像城外文书店的品牌活动。外文书店与位于繁华地段的3家影城联手，凡一次性购买图书、音像类商品满100元以上即可凭收银小票到总台加10元换购一张电影票；一次性购买音像类商品满200元以上者可领取电影票一张。看完电影后，顾客还可凭电影票副券、影城会员卡或影迷卡到外文书店优惠购买与该电影相关图书或音像制品。

书店举办音乐会、演出话剧，看似与卖书无关，但其高雅的品位和书店的文化定位是不谋而合的，书店也可以借此增加人气，提高书店的知名度，带动客流，为提高销售额打下良好的基础。

4. 书友卡回馈、换购营销攻略

活动形式：书友卡回馈、换购等

北京图书大厦在2008年1月26日—3月2日举办“真情奉献，百分回报——书友会员年终回馈”活动，实行积分换购，凡于2007年1月1日—12月31日持书友卡消费积分超过3100分者，3000分以上的部分每100分可领取购书券1元。活动期间持北京图书大厦书友卡购买大厦任何产品均可享受双倍积分，享受“一分耕耘，双倍收获”的阅读乐趣。

为庆祝王府井书店建店59周年，书店特举办了“迎奥运，贺新春，店庆喜相逢”活动。活动期间，为读者送上“新春三重惊喜”：1月25日始，购书满59元赠送会员卡1张；老会员购书，享受折上折；购书208元，参加幸运大抽奖。

北京百万庄图书大厦则邀请其“百万书友会”积分5000分以上的会员读者，召开“金牌读者”座谈会，与读者共同探讨书城的发展大计。

会员是书店的忠实“粉丝”，岁末年初，书店都会举办活动回馈这些忠实的支持者，其实回馈活动不仅仅只有打折这一种方法，如北京百万庄图书大厦邀请会员读者，召开“金牌读者”座谈会，与读者共同探讨书城的发展大计，绝对为买书折扣多的书友卡带来了深层次的含义。

5. 百家开讲坛

活动形式：开设名家公益讲坛等

王府井书店品牌公益活动“名师助学课堂”推出“中高考学习指南”系列讲座。邀请四中、黄冈中学、华尔街英语、戴尔英语等著名教学机构名师、专家现场讲座。

北方书城在“名师公益大讲堂”公益讲座中，邀请全国及辽沈地区数十位名师举办学习类文化讲座，使学生们有机会听到来自名校名师的现场传授，提供各方面的权威讲解，提高读者学习能力。

江苏省新华书店以新街口店为主，开展“名家坐堂”系列活动，主要内容为“名医坐堂谈保健”“名师坐堂谈教辅”“名家坐堂谈艺术”“名厨坐堂谈年菜”，邀请各方专家开展不同类型的现场演示和现场咨询活动。

由书店来整合出版社、培训机构等资源，在节日期间为读者奉献文化大餐，是一项长期的系统的工程。公益大讲堂不仅有助于推荐主讲题目相关类别的图书，给读者丰富实用的知识，而且可以提升书店的文化品位，聚集人气，书店何乐而不为？

6. 打折营销攻略

活动形式：打折促销、赠送礼物等

上海书城自1月26日起读者在书城购书满38元可以3.5元换购价值6元的2008年新版交通图，抢先体验轨道交通带来的便捷；此外，书城麾下的8家门店还精选了上百种畅销书8折让利同贺新春。新开业的上海书城长宁店新春期间，推出了全场图书满100元送20元、10种畅销图书限量打折抢购、购美食旅游类图书2本以上送新春礼品1份、购书满100元送书香会员卡等活动。

广州购书中心举办了“祥鼠献瑞，逢100送10”新春优惠活动和“‘鼠’不尽的惊喜”购书赠礼活动，给购书读者赠送精美文具与新年礼物，营造一个温馨和谐、书香浓郁的假日文化氛围。

打折售书、回馈读者已成为深圳书城营销的关键词。深圳书城中心城在除夕夜开设为深圳市民“全年最实惠的购书时间”，并在春节期间推出3000种教辅8.8折优惠活动；罗湖城和南山城也推出“精选好书8.8折优惠”的春节主题活动。春节期间，深圳书城中心、罗湖、南山三大书城还一起向书城会员发放“折上折，喜上喜”的8.8折优惠券。

杭州书店像商场一样，举办全场买满就送活动。庆春路购书中心，凡单张小票满80元、180元、300元即送相应礼品一份（限购图书及音像制品）。解放路购书中心，凡购买少儿类图书50元以上的，赠送礼品一份。凡购买文化教育类图书100元，赠送图书一本。凡购买音像制品100元以上，赠送碟片一张。

打折是最简单、便利的促销方式，其中如换购、买满送礼等衍生打折促销更多的是借鉴百货卖场的促销形式，在商味十足的打折促销中如何加入文化气息、加入书香、加入书店特色是各大书店亟待解决的问题。

第七章
员工管理与顾客管理的艺术

无论开什么店，人员管理都是一个老板必备的能力之一，人员管理包括内部的员工管理和外部的顾客管理，做好这两项工作，那么开店赚钱的硬件设施就算具备了。

管理好内部的员工，书店的日常经营就会走上正轨；管理好外部的顾客，书店就会拥有稳定的顾客群，营业额自然就会上升。

导购员的五项基本职责

书店的导购员不但要清楚自己的基本职责，并且要详细了解每项基本职责的具体内容。只有这样，工作中才能明确做什么、怎么做。书店导购员的基本职责概括起来有5个方面：整理货品、图书导购、发展会员、与读者交流、防损防盗。

1. 整理货品

整理货品是书店导购员最基本的工作内容，包括以下5个方面：

①上架。将新到货的图书根据图书类别、开本大小、厚薄、复本量、图书的内容特点等安排上架，进行适当的摆放展示，做到三个方便：方便看见、方便选购、方便拿取。

②整理。在营业过程中随时检查卖场书架上图书摆放展示的情况，将被顾客放乱的图书整理归位，使之整齐有序。

③补缺。查看架上图书的销售情况，对已经售缺的图书品种及时补充上架。发现常销、畅销图书库存数量不足，及时提出配货建议。

④找书。当顾客询问查找图书时，如果书店有库存，帮顾客找出需要的图书。

⑤流转。按照一般的情况，一本图书自进书店开始就应该有一个“行走”流程，比如，新书进店的第1周，摆放在新书展台；第2周，摆放在畅销书展台；第3周到第8周，摆放在分类架的黄金位置；第9周到第12周，摆放在次黄金位置；第13周到第15周，摆放在特价柜，如果还销售不出去就可以考虑清退。一本书在不同的销售时段应该在不同的位置，既保证了每本书都有相同的展示销售机会，也使书店的图书管理有规律可

循。虽然一本书可能每个环节都有销售，但那些没有销售出去的，我们可以按照这个流程走，因此导购员要把这些图书搬动移位，让这些图书“行走”。

在以上这些过程中，还要注意基本技巧，摆放展示图书时考虑以下几个因素：书的体积、作者因素、单本和系列、畅销和一般、具体位置、图书装帧设计的视觉影响、促销意识等。

2. 图书导购

图书导购是书店导购员最基本的职责，书店导购员就是要为顾客推荐合适的图书，为图书寻找对应的顾客。

如何才能做到这两点呢？除了要具备图书的基本知识外，还必须把握两点：了解你的读者，了解你的产品。也就是说，导购员首先要大致了解自己负责区域的每一本书的内容和具体卖点，这样才能知道哪类读者需要这些书，做到有针对性地导购。其次，导购员还必须尽可能了解读者的阅读爱好和购书目的，甚至了解他们的学历、工作单位、经济水平等，了解得越多，推荐图书的针对性也就越强，越容易取得成功。

而了解读者的方式之一，就是发展他们成为书店的会员。我们可以通过顾客填写的登记表初步了解顾客的基本情况，之后还可以通过查看顾客的购书历史记录，了解该顾客的阅读情况。没有实行会员制的书店可以通过和顾客交流的方式进行了解。

3. 发展会员

很多书店都会通过会员制的运作方式，将会员俱乐部和书店有机结合，形成互动。因为会员是书店相对稳定的读者，所以会员数量的多少和一个书店销售业绩的好坏是成正比的。会员的发展工作，需要每一个导购员去完成，因此导购员需要给读者讲解有关的会员制度，让读者了解，并使其成为书店的会员。

4. 与顾客交流

与顾客交流的目的有四点：一是为了和顾客建立融洽的人际关系；二是通过沟通交流了解顾客的阅读兴趣、购书特点等，以便为顾客提供购书指导；三是了解、收集相关的信息，从而筛选、发掘那些对书店经营有用的信息；四是可以听取顾客对书店的建议，得到的好建议越多，对书店的经营越有利。

5. 防损防盗

开书店最头痛的事就是图书的破损和丢失。如何防止和杜绝破损与丢失直接关系到书店的盈亏。因此，防损防盗是书店的一项常规工作。仅靠建立相关的防损防盗制度是不够的，更多的还必须依靠导购员在营业过程中时时刻刻的监督。

防损：发现顾客有不当的行为，可能造成损坏图书时，要及时提醒其改正；对装帧设计异形如封面有挖孔等的图书，应该主动帮顾客拿取，并告诉顾客如何放还原位。特别是儿童类的立体图书，极容易损坏，更是防范的重点，需要导购员主动给顾客讲解翻阅的方法，以免造成不必要的图书破损。

防盗：在营业过程中，导购员不要离开自己负责的图书区域。如遇到顾客询问非本区域的图书时，只要给顾客指引即可，不要离开本区域而带顾客到其他区域。对本区域的重点图书、畅销图书、高码洋的精致图书要时刻关注，随时检查。顾客拿走阅读的，应跟进，一旦顾客看完而没有购买的，要及时收回。

遇到这些图书架上有缺，要立即了解图书的去向，随时掌握这些图书的动态。遇到可疑人员，要提高警惕，可以采取主动打招呼并和他交流的方式接近，使其放弃不良动机。

如何给书店导购员做培训

书店是传播文化的行业，经营的图书产品具有文化和商品两种属性，作为书店最基层的员工，必须接受相关的专业培训才能做好本职工作。书店基层的导购（营业）员需要培训的基本内容应包括以下几个方面。

1. 企业文化培训

新员工进入书店工作，首先要让他们融入书店，只有对书店有认同感，才能把热情投入到工作中。因此新员工入职时应该进行有关企业文化的培训，主要内容为：了解书店的发展历程、商业模式、经营理念等，重点给员工讲述书店的价值观，帮助员工融入企业文化。

2. 图书行业的基本知识

图书行业的专业知识内容丰富，涉及面广，就书店一线营业员来说，主要是了解行业概况、图书产品基本知识、图书的主要分类、图书的类别和对应出版社的基本情况、如何评估图书、图书的卖点6个方面。

①了解行业概况，目的是让员工了解目前图书市场的现状和未来的发展前景。培训要点为：目前国内图书零售市场概况和未来发展趋势；国内出版行业概况和未来发展趋势；图书市场潜力；目前国内读者消费特点。

②了解产品知识，就是了解图书专属的特性。培训要点为：图书定义，图书的商品属性和文化属性，图书的基本结构和组成形式，图书的生产制作流程，图书与其他媒介（报刊、网络、电子出版物）的关系，出版、出版物、发行的概念，出版物发行的有关规定等。

了解产品知识还必须了解图书版权页上的相关信息。如书号每个组成部分的意义，版次、印次以及版本的常识，如初版本、再版本、修订本、增订本、重印本、缩印本、合订本、单行本、平装本、精装本等。

③了解图书的主要分类。主要是了解中国图书馆分类法，并以此为基础，掌握不同图书的分类方法。

④了解图书的类别和对应出版社的基本情况。图书的出版单位是出版社，也就是图书的生产厂家。书店的工作人员，必须了解本书店主要经营哪些类别的图书，这些图书对应的重点出版社的情况，如文学类图书的重点出版社有人民文学社、作家社、上海文艺社等，学术类图书重点出版社有商务印书馆、三联书店、广西师大社等。

⑤了解如何评估图书。要想做好书店导购，必须了解图书商品，因此，如何评估图书是培训的重点。评价图书质量的四个标准是：政治、思想；知识性、学术性、艺术性；文字和装帧质量；时代感和风格。做到这一点可通过了解有关图书信息实现：书名和副题、编译者、出版社、版本、图书的内容概要、该书的相关资料，以及图书行业专业报纸、当地报纸、电视等媒体的评价情况。还应了解图书对应的读者范围，辨别图书的版本。

⑥了解图书的卖点。这是营业员要了解图书的关键。培训要通过具体的图书案例，讲解、分析如何把握图书卖点，以便今后在对顾客服务中能有针对性地推荐介绍。

3. 书店经营管理知识

作为普通的导购员，有必要了解书店的有关经营管理知识，这样利于营业员从全局考虑问题，把各项工作做得更好。

在管理方面，导购员主要要了解以下知识：

①有关业务流程，如书店的营业流程、图书的进销存管理流程、财务管理流程等，要让营业员详细清楚地了解，重点是流程每个环节的要点；

②书店卖场管理，如卖场氛围营造需注意的几个问题，如何保持店面的清新感觉等；

③书店商品管理，如采购进货的数据来源、进货渠道、进货的频率和总量控制等；

④图书的广度和深度、价格的梯度对销售产生的影响；

⑤书店安全管理，主要是防止图书丢失、消防安全、意外防范等。

在经营方面，导购员主要要了解以下知识：

①店堂促销的五种形式及其运用，以及如何开展店内促销。这五种形式为：导购推荐——做好对顾客的导购工作，要了解哪些知识；展示促销——如何利用现有的图书陈列展示吸引读者注意，促进销售；价格促销——价格促销有哪几种基本的形式；文字推荐——书店运用文字推荐有哪些形式以及这些形式的具体运用方法；音像演播——哪些类别的图书采取音像播放的方式比较有效。

②如何提升赢利能力。需要了解提升销售业绩的途径：提高客流量、提高购买率、提高单人的购买量、提高顾客回头率、延长产品线、提高周转率、提高毛利率等。

4. 书店员工的操作技能

导购员是书店最基层的人员，具体事务都要靠他们动手去做，因此必须掌握基本的操作技能。营业员最基本的操作技能包括以下几点：

①图书的陈列摆放方法和技巧，如考虑图书的分类、畅销程度、内容情况、封面色彩、开本大小、厚薄、同类产品、复本量等情况，掌握常用的几种图书艺术造型码放方式。

②图书打包与包装。包括：进退货时打包——标准包的规格（体积、重量标准）、包装纸的要求、图书摆放方法、绳子如何扎等；销售时打包——图书进行礼品包装时的几种包装方法；防护包装——如何塑封

图书。

③图书管理软件的使用。图书管理软件是书店不可缺少的管理工具，书店营业员必须掌握图书管理软件的正确操作流程和使用方法。

以上是书店营业员必须接受的培训内容，当然，各店可根据自身的具体情况进行调整。

如何让导购员快速掌握图书分类

一个书店的图书分类，应该体现出书店的营销理念，既有自己的特点，又能在销售服务中引导读者，有效地实现销售。因此，对图书进行合理有效的分类，不但能提高读者选购图书的便利，也便于书店内部对图书的管理。可以说，一个书店图书分类的水平如何，直接影响到书店的经济效益。

对图书的分类，书店的做法既不同于图书馆，也不完全同于出版社，而且每个书店的做法也不尽相同。如何让员工根据本店的具体情况迅速掌握图书的分类，是书店图书管理工作中的一个重要环节。

因此，不管书店有没有专职的图书分类人员，都应该通过培训教会导购员掌握对图书分类把握的能力。

所有员工入职前，都必须进行有关图书基本知识的培训，尤其要让员工了解《中国图书馆分类法》中对图书的基本分类方法，记住图书的基本类别分别用什么字母代表。这些基本知识是今后把握分类的依据，也是最基本的东西。

在对具体某本书进行分类时，基本顺序和方法如下：

①看中图法分类号字母。中图法分类号，是指采用《中国图书馆分类法》对科技文献进行主题分析，并依照文献内容的学科属性和特征，分门

别类地组织文献，所获取的分类代号。其采用字母与数字组成的形式，一个字母代表一个大类，字母顺序反映大类的次序。

②看版权页。绝大部分图书的版权页上有提示本书类别的信息，查看版权页可以得到该图书属于哪个类别的具体情况。

③看内容概要。在查看了封底和版权页的情况下，再查看本书的内容概要，这样便于了解本书大概的内容情况，更深入地了解是关于哪方面的书，对该图书属于哪个类别把握得更准确。

④看出版社的建议。现在很多出版社的图书已经在书的封面或封底注明了上架建议，这些建议是出版社从销售的角度提供的分类建议，对指导图书分类有直接的参考作用。

⑤确定分类。在掌握了上述信息的基础上，就可以确定分类，先确定一级分类，即应该属于哪个大类。大类确定了，再考虑二、三级分类，即属于哪个对应的小类别。

以上是对图书分类的基本方法，但是由于图书品种的多样性，还有很多特殊情况不能按上述方式确定图书的分类。下面讲三种典型情况的处理方式。

其一，某本书的类别确定了，但本书店没有设这个类别的书架。这种情况有两种处理方式供参考：一是书店哪个类别与本书的类别最接近，就可以归入那个类别；二是书店可设一个综合类书架，把其放在综合类里。

其二，现在很多书属于综合性读物，图书的内容呈学科交叉融合的特点。在确定这类图书类别的时候，要以方便顾客找到这本书为出发点，可以归到哪几个类别，就在这些类别的书架上都陈列该书，最好能行一书多放，这样处理便于顾客找到该书。

其三，知道图书的大概内容，但是不知道属于哪个类别。这是书店导购员普遍存在的问题。为了方便导购员对图书进行分类，可以根据本书店经营的定位，做一份适合本店情况的“图书分类表”，把常规性的分类情

况列入此表中，让员工参考“图书分类表”进行把握。

“图书分类表”就是把本书店每个类别图书的具体范围进行详细说明，并尽可能把重点作者、重点系列图书，甚至重点品种列进去。列得越详细，员工操作就越简便。

参照“图书分类表”进行分类，可以使导购员较快地把握一本书应该放在哪个类别里，悟性好的员工还可根据分类表举一反三，融会贯通。

如何让店员成为店堂营销的主力

书店店堂营销的目的是为了建立书店的品牌形象，满足顾客的需求，最终实现图书的销售，创造利润，让书店获得持久的生存与发展。说到店堂营销，很多人会自然想到主题书展、主题促销活动、打折优惠、赠送礼品等，其实，店堂营销应该涉及书店经营管理工作的方方面面。店堂营销应从六个方面展开，即针对店员、针对卖场、针对读者、针对图书、针对事件、针对竞争。

针对店员营销，就是让店员成为书店的品牌宣传员、图书销售员、读者服务员。针对店员的营销，可以从三个方面去做。

1. 让店员成为品牌宣传员

一家书店给顾客的印象，主要是从卖场氛围、图书品种、人员状态三方面体现出来的，而人员状态是直接影响其他两个方面的主要因素，因此店员的状态是关键。店员在读者面前所展现的仪容仪表、举止行为、业务水平、服务态度等不仅代表自己，也代表书店的品牌形象。所以，首先要让店员树立自己是品牌宣传员的观念。

作为宣传员，就要打造代表书店品质的外表形象，如优雅的仪容仪表、乐观的精神状态、亲切的面容。很多书店对员工的仪容仪表都有要求，且以文字的方式进行了详细的描述。这样还不够，应该在文字定出了标准后，再根据这个标准让员工对自己进行修饰打扮，把自己经过打扮后的最佳状态的仪容仪表拍下来，并把这些照片张贴出来作为样板，让员工每天上岗前对照样板标准来检查自己的仪容。不仅如此，书店班前例会主持人也要每天检查一下员工是否符合标准，长期坚持，让员工打造自己的标准仪容状态成为一种习惯。这样员工就能保持最佳的状态，对书店品牌起到很好的宣传作用。

店员对品牌的宣传，其表现出来的行为也是很重要的。乐观、热情、积极、主动的工作精神能给读者以亲切的印象，使顾客很乐意与你沟通和亲近，增强书店的凝聚力，给顾客留下美好的印象，从而增加顾客的回头率。因为给顾客留下愉快的购物体验是使顾客再次光临的重要因素。

书店店员还应该在与顾客的沟通和交流中，不失时机地给顾客介绍本书店的定位、经营理念等，用语言来宣传书店的品牌。当然，这种宣传融于和读者的自然交流之中，比单纯的讲解宣传更能让读者接受。

2. 让店员成为图书销售员

让店员成为销售员，其一，要培训员工对图书陈列展示的能力，掌握合理有序陈列图书的方法，掌握选择与展示图书的一些技巧，既能在考虑书店的定位和销售两个因素的前提下合理地展示陈列图书，还能讲究陈列展示的美感，比如店员应该掌握 10 种以上堆花陈列的方法等。

其二，要培养店员对本区域图书销售动态的把握能力。掌握畅销书、常销书、动销书、滞销书的情况，了解进销存情况，掌握本区域图书版本的变化情况，让每本书都成为有效品种，不断提高动销率。

其三，要培养店员的经营能力，建立绩效考核机制，比如把本区域管理与销售业绩同个人的收益挂钩，这样能激发热情，增强店员的责任心。

还有一点很重要，就是每个区域的营销策略应该有侧重点，这个侧重点不光是书店的管理者清楚，也要让每名店员都明确，让店员知道如何围绕这个策略去做好自己的工作。比如某书店艺术区在店内的位置偏，平时顾客少，假如书店营销策略是通过做小型的艺术展览扩大知名度和拉动人流，以拉动人流带动艺术区图书销售的提升，当店员清楚了这点，他就会在平时与读者交流时有意识地告诉读者，会很积极地配合书店的小型艺术展览工作。

成为一名好的图书销售员，先要成为一名好的导购员。因此，培养店员的导购能力让其做好导购是根本。

3. 让店员成为读者服务员

要为读者提供优质的服务，不仅要有良好的服务心态和主动积极的服务态度，更重要的是要有支撑提供服务能力的专业水平。店员的专业知识，有三个基本方面必须掌握：

①对本店熟悉。熟悉本店有哪些类别的图书、在什么位置，这样就能随时给顾客提供指导。

熟悉本店的起码要求就是要做到：读者说出一个书名，店员能迅速找到图书；读者说出一个范围，店员要能推荐出几本图书供顾客选择。

②对自己负责的区域熟悉。本区域有哪些图书、哪些类别、哪些系列、都陈列在什么位置、有多少库存等，都应该了如指掌，这样能迅速为顾客找到所要的书。对本区域80%的图书品种的作者、出版社、定价、书的主要内容是什么，适合哪类读者阅读要能知道。譬如，负责外语学习与考试教材类别的店员，就应该清楚“托福”“GRE”“雅思”有什么区别，分别针对哪类读者；负责儿童区的店员，就要知道每本图书大约针对年龄多大的儿童阅读等；对于同一内容范围，本店有哪些书也应该了解。

③掌握导购语言。我们面对的读者很多是说普通话的，但也有不少说

方言的，有的书店经常有外国读者光顾。作为导购员不但要求能说好普通话，也要求能说方言，如广东、深圳经常有本地读者、港澳读者说不好普通话，如果不能用粤语交流就会产生一定的沟通障碍。对于外语交流能力，如果店员能会基本的英语会话就更好。

导购员如何为读者提供最“贴心”的服务

书业的导购员不同于一般商品零售企业的导购员，必须具有较高的文化素养，并成为最大限度理解、满足读者个性化需求的专业人员。

在某书店教辅书柜台上，成排的教辅书不仅名目繁多，而且有些书名相同却有多个版本，这让很多家长犯了难。一位学生家长一脸困惑，只好向书店导购员求助：“我儿子现在读小学五年级了，回家后没什么作业，也不知道学得怎么样，想过来买两本参考书给他辅导辅导，可现在书店里的辅导书太多了，不知道哪种辅导书适合。”

据了解，该书店已将一些热销的教辅书目贴在宣传栏上，但这还是难以缓解家长们的焦急情绪；于是，书店同时在小学、初中和高中每个销售区域内，设置了专门的图书导购员，以方便家长咨询。

以上做法，该书店着实从顾客角度出发，以最贴心的服务，最终换回来的是每日提升的营业额。

1. 导购员≠营业员

书店导购员并不是新生事物，只是很多书店并未引起足够的重视，大多是营业员充当导购员。即使有些书店设置了导购员，也是在客流高峰难以应付的情况下出现的。

图书品种过多，营业员没办法熟悉如此多的书目，所以书店就要安排几个人分管不同的区域，熟悉自己区域的书。

事实上，书店的营业员和导购员是有区别的。

从工作的内容上看，营业员的工作是负责自己所属区域图书的上架、摆放、维护，而导购员则承担在一定区域甚至整个书店内为读者指引、解说等工作，为读者提供参考意见。从工作的要求上看，营业员只需要了解自己所负责区域图书的销售、库存情况，做好所负责区域的销售数据统计就可以了，但导购员则还需要对图书的精确库存数量、准确上架区域甚至图书内容、同类图书之间的异同等都有充分的了解。

书业的导购员也不同于一般商品零售企业的导购员，出版物品种繁杂、推陈出新速度快、个性化较强，其中所承载知识具有连续性和系统性，这要求导购员不同于一般意义上的商品推销员，必须具有较高的文化素养，能深入体会出版物的个性化内涵，对相关出版物情况有系统了解和认识，成为最大限度理解、满足读者个性化需求的专业人员，实现真正意义上的“为书找读者，为读者找书”。

早在2007年，上海博库书城就推出了自己的书店导购员。这些导购员主要集中在教辅图书等客流比较集中的区域。书城专业教辅图书导购员，都是经过一系列培训后才上岗的，他们既与一线教师沟通密切，又熟悉各大辅导书出版社编题风格，因此能够给读者提供比较合适的教辅图书。读者也纷纷表示，书城的这种导购制度，可以较好地帮助自己找到需要的图书。

2008年2月1日起，安徽芜湖图书城也开始实行导购员制度，导购员不固定，每天从各柜组抽调一人担任。导购员的工作职责为：接受读者的咨询，解决读者提出的问题，引导读者到所选图书书架前，为读者推荐图书，介绍图书城的各种营销活动，推荐会员卡、爱书卡等。

2. 这是个“苦力活”

在很多人眼里，导购是个“轻松”的活，只要站在店堂里，应对前来咨询的读者就可以了。但是，就是这样“简单”的工作，其中的难度却非常人可以理解。

了解名目繁多的图书种类，是导购要做的第一项工作；而如何高效地为读者推荐合适的图书，是导购员的第二项工作。

每位读者走进书店都有自己的需求，导购人员要能够及时根据读者的需求提供最便捷的服务。比如在最短的时间内找到读者要的书，为读者提供相关图书的信息，指引读者实现购买过程等。

为此，重庆书城特别推出了导购员“首问负责制”。即当读者在书店内需要帮助时，咨询的第一个导购员，必须要解决读者提出的问题，而不能将这个问题再转移到其他导购员或工作人员身上。据书城工作人员表示，“首问负责制”虽然具体执行起来有一定难度，但可以促进导购员对分管图书的熟悉度，多接触读者，也提高了处理应急事件的能力。

3. 导购和效益挂钩

书店设置导购员的目的非常明确：帮助读者挑选到自己想要的图书，同时刺激读者的购买欲望，最终实现购买行为。因此，导购能否带来实际效益是大家最关心的问题。

如今的很多书店，导购员的工作能力直接与绩效挂钩。根据各自的特点，采取定期检测、不定期抽测以及业务比武等多种形式，考核导购员的专业技能。将每人每次的考核结果记录在案，与个人的奖金挂钩，这一方面促进导购员掌握专业技能，另一方面也作为书店的员工评比活动之一，起到激励员工的作用。

4. 导购员如何影响读者

读者购书是有心理需求的，但其需求的迸发期是不确定的。导购员需要认真揣摩，采用灵活多变的方式方法与读者沟通。导购员迎宾送客的热情与冷淡、服务操作的熟练与生疏、行为举止的文雅与粗俗，都可能在不同的场合下产生不同的沟通效果。

首先，注意个人形象。在导购员与读者的心理沟通中，其行为举止对读者会产生极大的影响。

其次，学会“察言观色”，成为读者购书的好助手。善于察言观色是导购员不可缺少的基本功。要能够运用心理学的一般原理，根据读者在卖场中的形态、神色判断其当时的情绪和心境，根据读者的年龄、气质，评估其社会职业和文化素养，根据读者的语音、行为，揣测其读书爱好和实际需要。在这个基础上，主动热情且有的放矢地向读者服务。

最后，明确职业职责，知道在销售情景中的可为和不可为；严守职业纪律，懂得区分销售过程中的正确行为和错误行为。

如何接待老年读者

既然是开书店，那么来书店的读者中有一个重要人群——老年人，由于这些人基本都已经退休，有充足时间去看书，而且也舍得买书，这也是消费群体里的重要支柱。所以，对待老年读者一定要细心、细心、再细心。那么书店到底如何接待老年读者呢？

1. 不要攀谈

唠唠叨叨是老年人的通病，尽可能不要主动和来书店的老年人攀谈，一旦话匣子打开了就很难关掉，不聊吧显得不尊重，聊吧影响生意。对老年人提的任何问题，力求简单答复，避免打开话匣子。

2. 不做推荐

尽可能回避正面交流的同时，对老年人犹豫不决选的书不主动推荐，由老年人任选。

3. 不讨价还价

对老年人要求降价的要求，本着让到底的原则，能让则让，行就行，不行就不行，不做多一句解释。回完价后，找事做别的，避开正面相对。

4. 要迎来送往

热情大声地打招呼："您好!""您走好!"

5. 要提供方便

台阶，光线，坐椅，要为老年人随时准备，特别是要注意他们携带的物品，走时要提醒。

6. 要赠送书报

对已购图书的老年人，出门时要想到赠送当天的报纸或地图或关于健康的小书。要知道来书店的老年人大多住在附近，他们可是"大喇叭宣传员"。

顾客管理与会员制

书店要想保持稳定的顾客源，让他们经常进店消费，实行会员制是最常见的方式之一。这是“客户管理”经典教材里反复提到的，也是很多同行包括其他行业屡试不爽的好办法。书店具体怎样操作会员制呢？

①根据本书店的实际情况，设计一个简明、合适的会员制度。第一是入会好处，第二是入会条件。

举个例子，某书店设计的会员制度是：

加入某某书友会的好处：A 级会员九折；B 级会员八折；VIP 会员七五折。

入会条件：购书一次即免费成为 A 级会员；购书累计 200 元或预存书款 200 元为 B 级会员；购书累计 500 元或预存书款 500 元成为 VIP 会员。

为什么让利也要争取读者预存书款呢？设身处地想，如果你预存了一笔书款在附近书店，你还会到其他别的书店去买书么？

②制作书友卡（会员卡）和登记表。书友卡要制作得精致漂亮点，至少要让读者愿意长期收着；登记表更重要，而且应简单扼要——千万不要设计得像是人事档案，只需填姓名、性别、生日、工作单位、手机号码（电话号码）、QQ 或微信号码等关键几项即可。

了解会员的工作单位，可以便于你甄别出一些身份特别的会员来。一些特殊单位，或者特殊地位的会员或许能够帮你的大忙。比如，给你带来团购业务，或者方便你去某地展销……

收集会员的 QQ 或微信号码，是为了方便给会员发“书讯快报”等信息。另外某重要会员常买什么书，如果被你摸着了喜好，类似新书到货时，你就可以第一时间通知他。这是无成本的。

③书店装修时就应该在收银台附近做一块醒目的告示牌，如“某某书友会入会说明”。列明入会好处与入会条件，要一目了然。

④所有在你书店内购书的读者，你都可以很自然地引导他成为会员（当然也要读者自愿）。例如，在读者购书结账时，收银员可以顺带问一下：“您愿意成为某某书友会的会员吗？您购的这些书都可以打折呢！”——可以打折？多数读者想必是有兴趣的。

如果在“客户（会员）管理”上有创意、有方法的书店，当他的B级以上会员发展到1000人以上时，仅仅会员购书这一块，就可以满足他所希望的基本营业额了。

第八章

不懂图书管理，最好别开书店

开一家书店，要想赚钱，就必须懂得如何管理你的图书，包括进货、添订、渠道维护、滞销书处理等和图书有关的一切知识点。假设你的书店成功开展，陈列也做得很好，销售工作也很顺利，员工也很配合……一旦你缺少管理日常图书的能力，那么你的书店照样无法经营。

因此，图书管理是每个书店老板必须掌握的能力之一。

如何精确规划首期铺货

很多书店在开业前准备首期铺货的时候，都是根据该店经营的大致类别和大概比例去进货，至于进什么、不进什么，全凭采购人员的个人经验。结果图书上架的时候出现了有的类别书多，书架所留的位置不够，而另外一些类别的图书放不满的情况。采购结构上的不合理只有等开业后根据销售情况慢慢调整。看起来像是正常的做法，实际上这是没有深入细致研究导致的粗放的管理方法。带来的后果自然是影响销售，浪费财力。

只要事先做好开店前的首期铺货的精确规划，就可避免开业后慢慢调整首期铺货不合理带来的后遗症。那么应该如何精确规划书店首期铺货呢?

1. 计算存放容量

书店的卖场规划设计图出来以后，就能计算这个书店书架的存放量。计算的方式如下：

①侧放书架。书店总的书架数是多少，每个书架有多少格，每格的长度是多少，这三个数相乘计算出所有书架的总格板的长度。

②平展书架。计算总的平展书架的平展处面积是多少，即为用于平展图书的总面积。

2. 计算总存放册数

根据上面的这些数据计算出这个书店总的存放图书的册数。按照现在图书厚度的平均标准，一个0.75米长的格板能放48册左右的书，1平方米的面积能平展26册左右的书。把总的隔板长度除以0.75米再乘以48册就得出总的册书，同样的方法可计算出能平展多少品种，每个平展品种按照平均4册复本算得出平展的册数。总的册数出来了，按照图书平均定价在23.5元计算，得出图书总码洋数。

3. 计算总品种和复本量

按照书店需要的基本品种数确定平均复本量。先确定复本量，后确定平均品种。一般根据面积来确定平均复本量，100平方米以内的书店平均复本量可以是2册，100~300平方米可以是3册，300平方米以上可以是4册。当然，这个可以根据具体情况进行调整。平均复本量标准确定了，就能得出书店的总图书品种数。

4. 分配品种比例

在分配品种前，先确定书店的图书结构需有哪些1级分类（大类）和各自的比例，然后再规划2级分类（小类）和比例，接下来规划3级分类（细类）和比例。也可以省略2级分类，直接计算3级分类的比例，这样更便于实际操作时把握。

根据每个类别的品种比例，进一步分配每个类别的品种数和总册数。

分配时要特别注意，由于每个类别的比例已经规划了，因此在选择图书的时候就要有轻重缓急，正常的顺序是：热销流行—名家经典常销—其他。按照这个顺序，先把热销流行的图书解决了，剩下的比例就可以依次满足名家经典常销和其他。假如热销流行和常销图书把该类的整个指标占了，那其他的就可以不用考虑。这样的好处是保证热销和常销图书，减少重要图书遗漏的情况。

5. 做清单

所有的类别比例都做出来以后，肯定会出现局部不合理的情况，那么

在确定采购之前，还要汇总综合考虑调整一下。调整后，就可以据此做出采购书目清单，这个清单最好是能具体到每本书，包括书名、册数。

按上述方法，对图书零售行业不熟悉的人是很难做出清单来的，所以开店首期进货一定要找专业的人来做。即使是专业的人也要思考这样一些问题：每个类别要找哪些书？有些书虽然知道要采购，但是怎么能保证做清单时记得起来？解决这些问题的办法，一是请相关的批发商提供可供书目，这样基本保证绝大多数当期的热销和常销书有备货，如果能提供以前的书目就更好了。一般批发商都是经营某个类别的，所以只要按书店经营的类别找对应的批发商即可。二是找到与你要开的书店定位相似的书店（最好是规模更大的），把这个书店一年来的销售书目数据要过来，根据书目进行选择。

6. 采购图书

确定了书目就可以采购了，最好逐个按照类别依次采购，按类别将图书打包，把每包里是什么类别的图书写在包面上。这样书到书店以后，就可以直接放到对应的书架前，直接拆包上架了。这样既节省人力，也使某些类别图书不够、某些类别图书过多的问题得到及时调整。

进书要考虑的三个因素

开一家书店，进书的问题向来是关键，也是日常经营中最烦琐的工作。一般来说，进书有 3 个因素需要店主考虑。

1. 进货渠道

如果是开一家大型书店，主营的图书最好可以向出版社直接进货，这样折扣低、利润空间大一些。买一本最新版的《全国图书发行单位名录》（中国青年出版社），即可获得所有国营出版社及部分民营发行公司的联系方式。再去参加几次书市、订货会，渠道就都能够建立起来了。

如果是开中、小型的书店，因为单独去某个出版社或书商拿货的量不大，它们对你这样的小客户也顾不上，管不过来。这时候，到批发市场进货就比较方便、适合了。现在全国各省市基本上都有图书批发市场，如北京的甜水园、上海的文庙、广州海印桥南的建基路、杭州登云路的文化商城等，各地还有新华书店的批销中心。你不难打听到地址，它们都可以解决进货的问题。

书店开久了，信誉好的话，供应商们还会主动找上门来要你代销图书呢。所以，无论是出版社，还是批发市场，你都可以去试探，但最后要根据自己的需求、考量费用及效率，筛选出最主力、最廉价、最快捷的几个渠道。

2. 进货规则

规则的情况比较复杂，不同的对象、规模、时间、地点，甚至不同的谈判人，都有可能谈出不同的结果来。请注意这几个关键词：现款（先付款后发货）、赊销（先给货后结款）、信用额度（最多能赊多少）、账期（拿货后结款的时间）、折扣、退换货。

从首期备货说起，这第一次的量最大（如前文预算中谈到，50 平方米的书店就要 20 万码洋的备货），应非常慎重。最好可以谈到一部分现款、一部分赊销。全部赊销是不太可能的，能谈到赊销 50% 就非常幸运了。规模小的店，谈到赊销 20% 也不错，这就是信用额度，在今后的进货过程中可以逐步累积信用，适当调高赊销的比例，降低你资金周转的压力。一般来说，首期备货的渠道不要太多，因为太分散的话，每家供应商得到的采购量都不大，谈判就费劲了。

账期无须太长，三四个月足矣（书卖不掉，拖再久也没有意义）。

折扣当然要争取最低的，但一般批发商也只是在出版社发行折扣的基础上加5%左右。你可以多方打听一下，如果大家都是长久做生意的，不必太担心。

最重要的是，要与供应商约定，卖不动的书，在一个期限内都可以退换新书。否则，将来滞销的书你怎么办?

上述规则谈好后，最好可以与供应商签订供销合同。日后的进货、结款、退货，都按约循环不已。

3. 品种选择

坦白说，品种选择这个话题不是一段文字可以说清楚的。这首先涉及书店的主营方向，定位不同选择也不同；其次，还涉及不同的地区，区域不同选择也不同；最后，还有时间问题，一年前的畅销书，今天多半已是滞销书了，其中只有一小部分会转为常销书。选书人需要具备丰富的阅历及独到的眼光，这种积累是不可能在短期内复制的。如果能找到有丰富经验的人帮你挑书当然最佳。

添书与退书的管理

在日常进货中，多数情况下，我们难以判断一本新书将来是否会畅销。此时需要谨慎。不妨先少量拿一些，试一试销路，切不可仅凭头脑一热，盲目大量采购，将来滞销的话，退货也很麻烦。如果卖得不错，就应该立即添货了。

同时，书店还应该以天、周、月为时段，将电脑中的图书销售数据列出，进行统计和分析。对于动销较多的图书，一定要注意它剩余的数量，如果发现即将售缺（一般来说，存量至少应大于上周的销量），就应该立即登记添货单，向供应商添货。对于存量很低的常销书，也是如此。要防止断货，浪费销售机会。

大书店自然是天天都在操作进货（添货）。中小书店有条件的话，最好隔两三天去进一次货。如果交通不是那么便利，也应该一周左右采购一次。

不少经营不佳的书店，它们竟然只是懒，对畅销的图书没有及时跟进，对常销书也不去统计，放任它们缺货，结果门庭日渐冷落。

此外，普遍情况下，书店内的图书存量（实洋）至少应是书店月销售额的3倍。如果你发现店内的图书存量相对本月销售额的比例低了，应迅速添货，否则随后的销售趋势极可能下滑。

每次进货（添货）还应使用电脑登记品种、数量、折扣、供应商、退货期限等信息，保证记录准确，以备将来对账、盘点、结算、退货。比如，供应商来源如果没有记录清楚，日后难免退错书，供应商对不是自己发行的退书都是不予受理的。最后只能是你自己的损失，所以一开始就要注意记录。

在进货规则中我们谈到，一定要争取供应商允许书店将滞销的图书在账期内退回（冲账或调换新书）。退书是一家书店盘活库存与资金的重要手段，只有经常清退滞销图书才有可能腾出资金与空间来增加新书，从而保持并增加销售。

什么是滞销书呢？如果一种图书在上架2个月以后都无人问津，那么它就可以说是滞销书。或者是某书账期结束，它从没添过货，清算时还有若干没有售出，剩余部分就是滞销书。

建议书店至少每月一次，参照当月统计的销售数据，对滞销书进行清理和退货。同时调换新书来上架，使书店里的品种总是“面孔常新、与时俱进”。

如何处理滞销书

从销售的角度，图书可分为新书、畅销书、常销书、动销书、滞销书等。正常经营的书店一般都有滞销书，而处理的办法无非是两种：一种是退给供货商，另一种是特价销售出去。

滞销书打特价来销售，也需要认真分析，不能简单打折了事。为什么有的书店滞销书做特价销售效果很好，而有的书店的特价书却少人问津?

滞销书一般存在这样几种情况：滞销书不一定是书的内容质量有问题，有的其实是很有价值的好书；有的书滞销并不是没有销售潜力、缺乏顾客的需求，而是书店没有使用恰当的销售手段来促销图书，没有充分挖掘销售潜力造成的；某个时间段内该书特定的、潜在的读者并没有来到书店，也会使图书滞销；图书有自己的生命周期，有的书过了畅销或者常销期，开始走入滞销期。

正是由于滞销书有上述的几种情况，因此，书店在把滞销书做特价处理时，就应该区别对待，采取不同的策略。比如，特价书也要像新书一样进行合理分类、陈列展示，以方便读者购买。导购员也要像推荐新书那样介绍特价书。总之，不能有“反正是滞销书特价销售，就放任自流、顺其自然”的心态。

除此之外，把滞销书进行特价处理时还需要考虑以下几个问题：

①要有不同的折扣梯度，如八折、六折、五折等，使得顾客有不同折扣层次的产品可以选择，从而淘到自己认为价钱合适的书。如果滞销书都是一个折扣，那么本来可以卖高点价的书，可能低价销售出去了；而那些即使打了折，但顾客还是觉得价钱高的书却卖不出去。

②有些书，读者本来想买，但当该书是按定价销售的时候，读者可能

觉得贵而没有购买。如果打折以后的价格是他可以接受的，他就会购买，诸如某些名人传记、世界名著、古典文学作品、历史读物等。因为这些书对读者来说有的是可买可不买的，打折了，读者认为价钱合适就会购买。这类滞销书如果做特价处理，销售的效果一般会比较好。

③所定的折扣不要总是高于顾客的心理期望值。有的滞销书，书店的经营者知道读者比较喜欢，也想购买，于是定了个自己认为比较合理的价格来销售，可是却销售不出去，为什么？因为图书的折扣定得高于顾客心理的期望值。比如某种书，书店打七折销售，可是顾客心里想：七折还是有点高，如果打六折我就买。对这种情况，假如书店能打到五折或六折，顾客心里肯定觉得很合算，就很有可能产生购买的行为。所以，我们在定折扣的时候，不要高于顾客的心理期望值。

当折扣低于进货折扣来销售时，对书店来说是明显亏损的，那为什么还要亏本销售呢？从成本的角度来说，能退给供货商当然比亏本销售好，但是滞销书特价处理虽然使得图书利润减少了，甚至是少量的亏损，但是能给读者带来好处，能吸引读者并带动其他图书的销售，从这个角度来看，这是让滞销书利益最大化的一种方式。

④把书店的特价书做好做活，让读者来书店时常光顾特价书架，有一点是比较重要的，就是时常要有新的特价书补充进来，让读者每次都能看到新的品种，买到物美价廉的好书。对于那些虽然做了特价处理但仍销售不出去的书，也要尽早清理出去，以保持特价品种的活力。

总之，把滞销书当作新书来认真经营，一定能取得好效果。

图书库存的管理技巧

越来越多的零售业分析专家预测，疲软的经济状态再加上消费者的不

信任态度可能带给图书零售商们一个尤其难度的非常时期。在这种非常时期如何控制库存，并保持一定的存货量对一个书店的正常运转是至关重要的，特别是在销售下滑的时候。

当然，我们都知道解决困难的最有力工具是现金，把现金投资在一些毫无生产力的库存上就意味着可利用现金减少。因此，减少库存将成为盘活书店的关键问题所在。

1. 控制库存离不开缜密的计划

"销售量降低，库存随之降低"，这是图书零售业者都明白的道理。否则，除非书店预先有一个很好的存货安排，不然，即使勉强应付了这个低迷的时期，也将会给未来留下隐患。

我们不妨借鉴哈佛书店的方法，他们不管什么时候，总是事先计划好每月、每年的销售目标，以及每月、每年的存货水平和存货周转水平。只要在规范的经营操作下，同时考虑了任何零售店都会面临的季节波动，就可以得出合理的库存并根据库存做出合理的预算，这往往能保证库存量不会超过眼前经济形势下和销售记录能显示的实际所需量。

"9·11 事件"对贝尼书店的打击几乎使它陷入瘫痪。它有很大一部分顾客原来就生活在曼哈顿和华尔街中心区，11 月，销售额相比以往同一时期下跌了 17%，成了该店成立以来销售业绩最差的一个月。好在他们及时监控销售情况，并立即调整库存，才不至于落得关门的命运。

2. 明智的选择才是最好的

"不要进你认为销不动的书，也不要进超过你的书店销售能力部分的书。"这个道理不言而喻，但是，很多人都做不到，或做得不是很好。在采购的最初阶段，书店应对周围的潜在顾客进行调研，并想方设法将他们吸引过来。在进货的时候，避免心理陷阱也很重要，包括出版商的骗局、业内事物的诱惑，以及欲显示自己是一个“大书店”的自傲心理等。时刻提醒自己保守进货，然后下重复的订单。每个人都希望看到自己能多卖多赚，但是有多少人能把握个中的关键呢？怎么进货和如何控制存货才是问题的核心所在，当大环境不景气时，把存货降低到目前的销售水平更成了重中之重。

3. 回报投入运作

收入是一个过程而非结果。正因为哈佛书店有库存计划、销售目标和预期的平均回报率（20% 左右），每份分析报告才有据可依。

在销售量和计算机生成的库存报告的帮助下，部分收入将用来采购。有很大一部分不确定的书能够改变销售额。出版的书可能与我们提前拿到的目录有很大的差异，或者封套没有描述的那么坚硬和精致，或者推迟了两个月才出版，或者建议的零售价高了，这些不确定因素很有可能影响到预计销量，因此要留足现金。

卖不出去的书不应该再占用书架，这种书要及时下架，至少要专门安排一个人来做这件事。总之，要留足现金和书架，为能给你带来利润的好书、新书准备。

第九章

书店的日常经营之道

对于一个书店老板来说，书店的日常管理是一门复杂的工作，三言两语说不清楚，即使说清楚，也不可能立即领会，这需要大量实践。一旦日常经营出现差池，那么他所经营的这家书店可能就会面临倒闭的危险，所以说，书店的日常管理是经营一家书店的重中之重。

书店如何加快货流

长期以来，货流不畅是困扰图书经营业者的一大难题。其中有多方面的原因，包括上流环节不够顺畅、库存图书积压等。对零售店来说，要想达到最佳业绩，还是要通过主观努力来最大限度地降低货流不畅的负面影响，打破销售额“徘徊不前”的尴尬局面。

1. 确保畅销书、常销书不断流

顾客是永远的上帝，营销必须跟着市场走。而成功的营销离不开对市场的准确把握。为了达到图书的销售高峰，实现最佳业绩，对畅销书、常销书这类能极大地促进销售额提升的图书，适量压货，充分保证其供应量可以说是明智之举。当然这个量不能盲目，要根据市场来确定规模，还要根据上流供货速度和各方面的需求信息来及时提前补货，保证货不断流。因为这类书的断流对零售店来说无疑是一大经济损失，而且还会在顾客群中产生负面影响，导致消费群流失。

2. 充分发挥导购员的沟通作用

畅销书、常销书万一缺货怎么办？或者说顾客需要的图书店里没有怎么办？要想最大可能地留住顾客，就必须充分发挥导购员的作用。

对于那些替代性不强的图书，如学术书、顾客出于个人爱好用于收藏的图书等，导购员可以诚恳地告知其下次供货的大致时间，或请其留下联系方式，以便到货时及时告知。

而对于那些替代性较强的图书，断货后仍大有文章可做。典型的例子就是教辅书，这类书的编写都依据一定的标准——教学大纲，因而可以说是万变不离其宗，所以可替代性强。当一种图书缺货后，导购员就可以不失时机地向顾客推销类似的另一种图书。这样不但可以保证顾客群的不外流，还加快了后一种图书的流通速度。当然，导购员要深谙推销艺术，而且比较了解各种图书的特点，才能恰到好处地根据顾客的需求推荐图书，以免顾客产生被“蒙”上当的感觉。

3. 紧跟市场变化，及时清仓，避免留下隐患

这点对于规避损失相当重要。及时清理货仓，至少有以下几点好处：

①避免货架断货、仓库积货的发生。根据以往的经验，这种现象不是没有，有些图书，顾客在书架上找不到，但在较长时间没有清理的仓库，还有不少的存货。这种情况不但直接减少了销售额，还可能导致产生错误的订单。

②将图书及时调整到目标市场，促进周转。对连锁门市来说，尤其要注意这一点。某类图书在某一门市出现了较长时间的积压，就可能会有目标市场不准确方面的原因。通过清仓，将这些图书重新供给有目标顾客群的门市，从而促进货流。

③及时退换货，减少损失。现在，一般情况下，如果图书在一定的经营时限内销路不好，零售站都可向上流供货商（包括出版社）请求退货或换货。但及时清仓有利于减少不必要的损失，从整体上提高经济效益。

④及时对“真性”积压采取应对措施。“真性”积压是指那些有一定数量且已超过了退货期限、必须自行承担损失的积压图书。对这类图书及时采取应对措施，还是可以将损失减至最小。最典型的做法就是将其实施特价销售，以挽回部分损失。

4. 建立和加强客户数据库管理，提供尽可能完善的服务

在其他行业越来越重视顾客管理的今天，图书零售业却没有将其放在

应有的重要位置。对于稳定或大宗顾客，我们应将其纳入客户数据库，以便有针对性地向其提供相关信息，并在必要的情况下送货上门。

著名营销大师菲利普·科特勒就曾说过：“我们不但要满足顾客，还要取悦顾客。”图书零售业要立于不败之地，也逃脱不了“满足顾客，取悦顾客”的商业法则。

书店如何应对淡旺季

如何应对淡旺季，是一个书店自身经营管理能力的体现。

1. 如何看待淡旺季的管理

淡旺季的卖场管理并不是指在淡季和旺季如何来调整卖场，而是指在淡季和旺季到来时，如何提前做好调整计划。

不管是淡季还是旺季，卖场管理首先要保障图书二次添配的跟进。为了保证图书品种齐全，每种图书的数量相应减少，在如何满足更多读者的购买需求上，必须注重图书货源的持续性。其次是图书分类多考究。图书类别繁多，很容易上错架，如果在图书分类上仔细一点、准确一点，不但能增大销售系数，还为图书二次添配、滞销书下架提供了方便。

在书店卖场管理上，无论是经理还是普通员工，都要做有心人，关心市场，分析市场，研究市场，要让不可能做到的事变为可能和现实。要彻底摒弃淡旺季的观念，学习制造卖场热点，培育市场是拓展市场、扩大销售的基础和前提。

对卖场管理的宏观把握，某书店负责人打了个生动的比喻：旺季来临，读者是水，卖场是舟，实现的是一个“舟借水势”的工作；一旦淡季来临，卖场是水，读者是舟，这时实现的则是“水造舟势”的工作。也就是说，旺季要顺应市场、把握市场；淡季要制造市场、拓展市场。

2. 旺季，需有备无患

对于一般的书店来说，销售淡旺季受学生寒暑假时间影响较大，一般来说，每年1—3月、7—10月属于明显的销售旺季，其余时间属于销售淡季。

但值得关注的是，并不是所有的图书都有明显的淡旺季之分。少儿类图书则要明显一些，每年的1—3月、7—10月差不多都是书店少儿类图书的销售旺季。

在销售旺季到来之际，应该提前对自己书店的品种进行调整，并扩大展示面积，增加品种、数量，根据读者的需求，适时地将读者急需的品种进行展台陈列，以方便读者购买。旺季到来前夕，最好提前做好预案，根据市场变化、对手变化和自身变化，做出分析并制订调整品种计划，对陈列进行改变。根据自身特点，再分析其他竞争对手，做出差异化经营。比如你的书店本是主营社科类图书的，但针对即将到来的寒暑期，暂时也得调整主题——围绕学生群体，以少儿、成功心理学、文学、旅游美食类图书为主，可以设置相应的主题展台、区域，配合各种营销手段加以促销。

3. 淡季，善于无中生“有”

有旺季就有淡季。淡季不代表所有类别的书都不热卖，淡季中也有它的畅销书，也有它的卖点所在。找出淡季卖点，进行市场整合是对书店管理者的要求。对书店来说，如何在淡季无中生“有”制造出吸引点，拉动卖场的销售呢？

（1）策划特殊主题，弥补淡季缺口

淡季来临时，要学会均衡陈列各类别图书，并根据特定的因素适量增加不同类别的陈列。在淡季，对特殊主题和时政的关注显得格外重要。例

如，根据成人类考试时间的不同，增加该类考试的陈列品种、数量；儿童节增加少儿类图书的品种、数量；针对公务员考试，增加公务员考试类用书的备货；针对司法考试，提前准备司法考试类用书货源。通过特殊主题图书的销售，不仅可以聚集淡季低迷的人气，也可以在一定程度上弥补淡季的销售缺口。

很多财经类图书的销售与国家宏观经济有着密切联系。比如2014年年末股市行情波动，让很多新股民纷纷开户，他们就渴望阅读关于股市方面的图书，于是我们就可以增加证券类图书的进货量；当股市处在熊市时期，书城一般就不进证券类图书，出版社也会少出证券类图书。同时，社科类图书的销售还与国家政策有关。人大会议召开时，政治类单行本就好卖，我们就可以将其重点宣传摆放；公务员考试、法律司法考试或注册会计师的新书刚刚到货的一段时间，都相对比较好卖，根据主题及时予以重点摆放。当出版社有重点图书推出来时，也都可以将其重点摆放，并做一些促销。

（2）定向促销，拉动人气

在每年的销售淡季，除了对一些滞销品种进行调退、调整外，还要根据淡季中的一些节日（如劳动节、儿童节等）开展定向促销活动。在组织促销活动的过程中，最需要把握的就是对应原则和实惠原则，以提高进店人流量为促销活动的重点，再根据活动具体内容来做店面的展示，提高精品书、常销书、畅销书的上架量。

（3）利用淡季，发展团购，多出去学习

每年淡季，我们可以利用一天之内最清闲的时间盘点图书，比如三伏天的下午1—3点就是淡季中最休闲的时光，很多读者都不会顶着大太阳去书店买书，那么就可以利用这段时间对滞销书进行撤架，然后根据各类图书销售的实际情况和读者反馈的信息，进行一些细微的调整。

对于卖得很好的图书，书店要尽可能做到平放，并手绘推荐海报，力争做到销售最大化。在淡季，我们要力求把握图书热点，使每一本畅销书尽可能多销。

淡季的时候，最好不要打价格战，而是积极去发展单位团购业务，给单位更优惠的折扣。对有些单位采用发放购书券的形式，书店对购书券的使用时间不作限制，所以凭券购买的顾客不会着急消费。单位团购等于给书店提供了周转资金，所以书店在淡季可以去做单位的工作。

淡季书店的工作不是很多，我们就可以利用这个时间，每过一两天就上网查找有没有能成为热点的新书。平时，我们要保证一个月去一次本地的大型图书大卖场，以观察图书的最新动态，学习他们的营销理念。

（4）创新陈列，调整结构

为了增加淡季销售，我们可以对店铺里的自身品种结构进行调查，清退滞销品种。对超额、差额品种进行分析，及时对定位表做出调整，使产品结构趋于合理化。此外，我们还要进行市场调研，根据当前市场情况、读者需求，改变主题展台；根据市场变化、对手变化和自身变化，做出分析并制订调整品种计划，对陈列进行改变。

比如在淡季时，针对购买文教书的读者减少，儿童前来看书购书较多的情况，书店会缩小文教书的范围，扩大少儿的展台，增加少儿类品种。在社科、科技图书方面，书店会根据市场需求变化，将管理类、励志类、健康美容类、投资理财、电脑操作等方面的图书适时地陈列在显著位置，以吸引读者的眼球。

在销售淡季，我们经常会退换货，这样不仅增加了物流成本，也增加了工作强度。为了能够减少退货率，将重点书、常销书利用展台陈列，新书尽量陈列在新书推荐架上；对于不太好卖的书也放在展台上，试验销售；将销售得不好的品种及时下架清退，减少库存商品的积压，加大图书商品周转，提高图书品种的动销率。

4. 在淡旺季做好平效

对一家正常营业的书店而言，生意有淡旺季之分，但工作是绝对不可以有淡旺季之分的。在不同的销售季节，有区别的只是工作重心的不同。在旺季需要注意的是如何保证产品的不脱销，在淡季更多需要注意的是进行销售结构分析、未来市场调查，以及员工培训。只有在这个时候“高筑墙，广积粮”，才能保证在接下来的旺季中不会手足无措，才不会打无准备之战。

如果说销售是一场战役，那么淡季销售无疑是战略的布局，是一项面的工程。至于旺季销售，则是具体的一场场竞争了，拼的是一个个具体的品种。因此，从这个深度上来说，只有在淡季中正确地布局，才能保证企业在未来的角力中保持一个领先的地位。也只有这样，保持淡旺季的不同竞争策略，才能使企业在有限的资源下，达到销售的最大化。

我们知道，书店的资源是有限的，卖场可陈列的品种是有限的，但可供品种是要远远大于卖场可陈列品种的，同时同个品种陈列在不同的位置产生的“平效”是不一样的。作为一个书店，如何保证销售的最大化，在某个层面上说，也就是如何保证“平效”的最大化。这就要求书店在任何时候，尤其是在淡季去研究以下两个问题：

①不同类别的平效分析。在这里，需要结合“20/80”原则进行分析。首先，是对整个书店层面的类别进行销售比重排序，挑选那些销售比重最高的类别进行下一步重点的分析。其次，是对选取的重点类别进行平效排序，对平效最高的类别进行进一步的判断，是否需要在接下来增加该类别的品种数和陈列面积。

从经济学的角度上看，平效相当于边际效益，其越是偏离卖场的平均平效，说明增加该类别的边际效益会越高，投入产出比会越高，当然随着投入的增加，最后其平效会向平均数靠齐，到这时候，该类别的调整也就暂时告一段落，重新开始对其他的高平效类别进行修正。例如，在类别排序中，销售比重的大小排序依次为文教（25%）、社科（18%）、文艺（17%），简单地从销售比重看，优先需要考虑的是文教。但如果说三者的平效依次为6000元/(平方米·年)、8000元/(平方米·年)、6500元/(平方米·年)，而同期的平均平效为5000元/(平方米·年)，三者都大于平均数，都是值得进一步投资的，但社科的平效最高，投入同等的资源，每年每平方米可产生8000元的销售额，因此，实际上，在考虑增加品种和陈列面积时的顺序应该依次为社科、文艺、文教。当然在这个分析中，还需结合各类别的物理陈列位置进行分析。

假如计算机技术和工业技术销售比重相似，平效也相似，都在5500元/(平方米·年)，但计算机技术是在卖场的主通道，工业技术这个类别是在次通道，则如需增加品种，优先考虑的应是工业技术。如果可能，甚至可以将二者互换个位置，从而达到平均平效的最大化。

②同类别下重点品种的分析和陈列。品种的调整无太大的淡旺季之分，这应该是个日常化的工作。根据动销的情况，及时做出进和退的决定，也是每个卖场管理者的日常职责所在。

例如，经济类是属于淡旺季不是很明显的类别，但其中的考试类用书却有明显的季节性，如会计师考试用书，在1—3月都是旺季，过了5月就马上成了淡季，对这类品种需要在上一年年末就判断来年的考试情况，做出进货数量的判断、展台位置的选择等。在销售旺季中，要做的就是对品种的动销情况及时跟进，做好不断档，过了5月则需要及时对展台进行调整，根据库存数量的情况决定是否退货。

再如，文教类因为每年的动销教辅品种都会有所不同，这就更加要求业务人员能在淡季做好品种的预测和应对措施，也唯有这样，才能保证在接下来的旺季中不会手忙脚乱、不知所措。可以说，谁在淡季功课做得越充分，其在旺季中的工作就越轻松，取得旺季销售成功的可能性也就越

大，用中国的古话来说，则是“预则立，不预则废”。至于真正的销售旺季，工作重心实际上更多的是确确实实地去执行在淡季拟订的方案。当然，在具体类别分析时，也必须结合“20/80”原则，工作的焦点仍是那些重点品种。

除了文教这类政策性很强的类别，其他的类别可塑性是很强的，淡旺季的区分也是比较勉强的，重要的是做好品种的选择和陈列，将调整做到日常化，同时，不断主动地去寻找市场的机遇，唯有这样，才能达到各类别的可持续发展。如果说剑术的最高境界是“心中有剑，手中无剑”，那么在营销中便是“心中无旺季，行动中无淡季”了。

书店经营的十大误区

不管你是经营超大型书店，还是打理一家超小型书店，从采购、储运到营业都可能存在着一定的误区。这些误区虽然不一定影响到书店的存亡，但了解这些误区对书店良好业绩的取得不无益处。

以下介绍书店经营中常见的十大误区。

1. 大书店一定赚大钱

书店赢利的多少与书店的规模没有必然的联系，当然规模很小的书店想赚取很多的利润是不争的事实。大书店的运营是一项复杂的系统工程，需要不同于中小书店的人力资源、运营成本、管理手段等一流条件来支撑。经营大书店在国内目前还没有一个完整的成功模式，失败的案例倒是出现过几综。如果从严格的财务制度上来说，国内大型书店靠实际经营实现赢利的还是寥寥无几，更多的大型书店或是赔钱处于生长期，或是关门大吉，或是在寻求其他的生存获利途径。开办大书店需要具备很多基础条件，规模经营书店也是国内正在流行的一种趋势，大书店可能能赚取更多的利润，但不一定就能赢利，甚至可能是一个火坑。

2. 客流量增加营业额就会大幅度增加

客流量是书店保证营业额的先决条件之一，但客流量越大是不是营业额就一定能够提升呢？对不同营业规模的书店来说，每家书店都有一个最佳营业的客流量，超过或低于最佳客流量的峰值，书店的营业额都会出现降低的迹象。没有哪家书店销售的图书是独一无二的，读者有多种多样的选购图书方式，书店环境虽然不是影响读者选书最关键的因素，但只要有可能，读者都会首选那些能够让自己舒心的书店选购图书。毫无疑问，书店的客流量超大，一定会给购书环境带来各种各样的问题，一定会损失一部分读者。

3. 中型书店适合图书市场需求

在图书零售领域，中等规模的书店一直是一个奇怪的现象，有些人看好中型书店的前景，而有些人则认为中型书店是一个“短命鬼”。我们没有找到中型书店前景大好或糟糕的理论依据，但从北京地区中型书店的经营来看，实际情况似乎不是很理想。中等规模的书店有它的长处，但它的局限性似乎更多一些，仅从图书品种上来看，就存在着很多技术性的难题，如全品种图书经营卖场营业面积不够，几类单品尽可能全经营又不能满足众多读者需求，等等。

4. 连锁书店不会失败

书店连锁的目的是为了增强品牌效应，扩大销售网点，获取更大的利润，但眼下国内的一些连锁书店好像并非如此。可能是连锁书店自身对书店连锁意义的误解，也可能是还有其他的复杂想法，但是我们在图书零售

领域实际见到的连锁书店，其营业状况并没有因为书店的连锁经营而有多大的改变，一些书店的现状好像比连锁前的情况更糟一些。我们接触了一些连锁书店的经营人士，也实际考察过很多全国各地的连锁书店，感觉在图书需求区域性极强的今天，连锁书店仅仅是在图书采购方面就会遇到很多难以逾越的问题。

5. 赊销是最好的经营方式

国内图书行业，就市场化的程度来说，图书零售应该是排在首位的。可能是图书销售市场的疲软，也可能是出版领域的产品过剩，现在书店与出版人之间的产品供求关系大多是赊销合约。赊销能够给书店人带来最小的经营风险，同时也使得书店人的采购水平渐渐降低，对那些全品种经营的大型书店来说，采购水平的高低短期内不会直接影响书店的销售，但对中小书店来说，低水平的图书采购可能就会直接影响书店营业收入的多少。赊销是书店一种保险的经营方式，但绝不是最佳的经营手段，特别是对那些有销售渠道和销售能力的书店来说，采取低价格的包销等一些经营方式能够赚到更多的利润，当然与此同时也要承担相应的风险。

6. 优雅的书店环境会吸引更多的读者

就国内零售业的整体环境来看，图书零售领域的卖场环境是属于最差的那一类。不过，最近一些书店整体或局部在卖场环境上做了一定程度上的装潢，书店环境漂亮了，但这些书店的营业状况实际上没有什么大的改观。是什么原因造成这样的结果呢？突出的问题是装潢过于流于表面，缺少为图书陈列、为多数读者做考虑。良好的书店环境的确能提升营业收入，但装潢始终是为图书、为读者方便而做的工作，如果偏离了装潢的目的，不但不能取得预期的效果，反而直接增加了书店运营的成本。

7. 管理经营的概念不适合目前国内书店现状

在与很多书店人的日常交流中，说到国内图书零售领域最薄弱的环节，我们始终认为管理经营是书店做得最不理想的事情。无论是超大型书店，还是中小型书店，在实际经营过程中经常出现一些不应该出现的问题，特别是在书店管理科学化、经营市场化程度越来越高的今天，如果轻视管理经营在书店运营过程中的重要地位，结果常常是使书店陷入困境，甚至导致书店灭亡。近几年，北京地区一些大中型书店相继倒闭，其中缺乏管理经营手段就是很重要的原因。不管国内书业目前是何种方式运营，只要书店营业是一种市场行为，管理经营始终是书店经营者首先要考虑的大事。

8. 大投入可以带来高额利润

图书行业有不同于其他行业的特殊性，一些业内人士和一些业外人士认为大量的资金投入，就可以带来高额回报。我们不能说这种思想不对，但不一定正确，近两年相继倒闭的北京知道图书广场和北京百荣书店就是最好的例证。当然，在图书出版领域、图书城的建设、发行公司的成立等方面，都发生过大量资金投入，却血本无归的惨痛事情。

9. 小书店严格财务制度没必要

我们见过很多小书店，实际经营中基本上没有财务制度，不管书店里从业人员是家人还是聘用的人员，营业过程中很多书店都出现过各种各样的财务疏漏，本来是赚钱的小书店，结果造成有限的利润流失。小书店虽然没有必要建立完整的财务制度，但营业货款的进出还是需要经心打理，不然忙碌最终的结果是蚀本无利。

10. 合作经营魅力无穷

可能是为了谋求更大的发展，可能是为了规避经营的风险，也可能是为了渡过不景气的书业难关，合作经营已成了时下很多书业人士热衷的事情，有民营书店与国有书店的合作，有民营书业人士之间的合作，有国内书业与国外书业的合作等。书业的合作就一定具有魅力吗？实际情况并非如此，由于种种原因，近些年我们见到了一些成功的合作典范，同时也看到了很多合作失败的悲痛现实。合作无非是书业经营的一种方式，但绝不是成功的制胜法宝。

书店里的休闲区如何经营

从名称上看，各图书卖场对各自的休闲经营区称呼稍有差异：有些称“书吧”“水吧”“咖啡吧”“读吧”，有些卖场直接称“阅读区”。但从功能划分的角度，各卖场对休闲区的界定比较一致，即以一定的消费金额为前提，可供读者静坐阅读的区域。

随着读者对购书环境的挑剔和卖场经营服务理念的提升，卖场对休闲区的经营也越来越重视。

除了传统的饮品，咖啡、快餐、工艺品也逐渐走进了图书卖场。相关休闲项目与图书销售结合，图书卖场有了更大的发展空间。

有的小书店的休闲区称为“咖啡吧”，而非简单的“书吧”。因为在咖啡香味中品书香，于经营者而言，是对卖场品质的提升；对读者来说，也算是一种诱惑。有一家书店老板经营咖啡吧，前期比较忧虑，不知道读者的消费能力是否能够达到，通过时间的验证，读者的消费能力不仅达到，而且超过了老板的预期。

休闲区经营什么项目，和书店的定位直接相关。如果定位于消费能力相对较高的读者，咖啡吧无疑更显档次。但对于一些瞄准普通市民消费的书店而言，可能销售矿泉水、果汁之类的水吧会更好一点。

很多卖场休闲区的主要经营项目大同小异，包括咖啡、茶水、果汁等各种饮品。除了各种饮品，不少卖场还在休闲区增设了一些经营项目。比如北京部分高校附近的民营小书店还在书吧提供简单的快餐等。精神食粮与物质食粮同享，吸引的是一些喜欢“泡吧”的消费者。类似的经营项目主要为小型书店采用。有经营者指出，由于油烟和食品异味是很多读者排斥的，所以厨房和休闲区内的就餐区也需要精心安排，最好在书吧里面进行再次分区。

部分书店还根据当地特色，在书吧增设工艺品销售。有家书店老板就在书吧里设置艺术品销售区，起初只是为了环境装饰，没想到有很多读者慕名而来，在购买图书的同时还有人带走了瓷器。后来，书店老板又把鲜花纳入书店休闲区的经营，结果同样销售不错。这样一来，这家小书店不仅有了稳定的读者群，而且销售额也日益增加。

经营项目多元化，吸引越来越多的读者进入休闲区，也给休闲区的管理带来了一些麻烦。如很多书店是允许读者带着销售区的新书进入休闲区的，新书的归位和损耗也日益突出。相反，就算没有书吧，读者也会在书架前或者某个角落翻阅，图书损耗都是难以避免的。

在拓展多元化经营项目的同时，更应注重细节的管理。休闲区的营业员或服务生需更加注意，及时将读者落下的书归位；在休闲区，也可设置一些小提示牌，提醒读者爱护图书；还有一种方法，将图书销售区与休闲区的图书品种进行区分，在休闲区专门设置大书架，专门供这个区域内的消费者翻阅。

让书店品类服从于门店策略

怎样把每个品类运用得当，使之服务于整体门店的经营策略呢？

具体的做法就是把实现门店整体目标分解到每一个品类上，确定每个品类的角色分工，而所有品类目标的实施应服从于门店的统一策略，最终实现门店的经营目标。

一般来说，门店的整体策略可分解为几个主要目标：吸引客流、增加交易、创造利润、获取现金和塑造品牌。例如，人文社科类图书在地县级市场上扮演的是塑造品牌的角色，实际上这类书在地县级市场的销售很不理想，但能赢得顾客的好感，对门店的品牌塑造有价值。而在高校区商圈，人文社科书就会成为一家店的“营业旗舰”和“客流招牌”。目前在北京海淀区这个全国一流学府集中的商圈，社科书就是卖得最好的品类之一，销售额占比很大，各家书店也都会投入较多卖场空间和书架，增加更多的品种。

由此可见，在不同的商圈和不同的门店，同样的品类发生了角色的变化，经营策略也应随之变化。

在以中小学生客流为主的商圈，在教辅书销售高峰期，零售商可以设计品类配合，除了做好教辅书销售之外，文学书、生活书、少儿书也有很好的销售机会。因此，书店做教辅书备货的同时，要对文学书、生活书、少儿书进行备货；还可以采取对文学书、生活书和少儿书的促销活动，借助中小学生到店的机会，提升这些非教辅书的销量。但是这个策略仅在高购买力市场有效，在低购买力市场几乎无效。因为在低购买力市场，多数顾客购买支出有限，在买了教辅书以后，很少再进行关联购买。

在以大学生客流为主的商圈，为书店带来客流的书就不再是教辅书了。这时，零售商可以利用外语类和考试类图书的促销活动吸引客流，同时用励志书、文学书实现利润的增长。在这两个品类的配合下，零售商才能实现既有销售又有利润的目标。

每一个品类的目标制订以后，如何进行战术分解？可以从五个方面进行：品种组合、空间配置、陈列展示、价格策略、广告宣传。

1. 品种组合

一般来说，这种组合主要是品种、库存量的总控和各个二级分类配置。假如门店对一个品类的规划有 3 万个品种，这个大类包括 10 个二级分类，那么零售商不可能给每个二级分类均匀分配 3000 个品种。在二级分类的配置中，零售商必须找出适合这家门店的侧重点，实现对这家门店最佳的、最合适的二级分类和品种、库存的组合。

2. 空间配置

首先是跟品种组合相关的，即配置多少书架和卖场面积，才能与品类的品种、库存匹配；其次是布局位置，一个品类在卖场的角色决定了它在卖场中的空间位置是在前场、中场还是后场，是在低楼层还是高楼层等。“客流招牌”和“提款机器”是要尽量邻近配置的。卖场越大，品类的空间位置变化对销售的影响也会越大。

3. 陈列展示

不同的图书对陈列展示的敏感度是不一样的。譬如计算机书对陈列展示的要求非常低，因为它非常专业，只要把分类做好，大量的读者会通过书架实现购买；但儿童书就不一样，儿童书有没有陈列展示，会产生完全不同的效果。由于每个品类对卖场陈列展示的敏感性不同，在操作中我们也要采取不同的策略；相同品类在门店中扮演不同角色时，陈列位置也会

发生比较大的变化，展示策略也会因之变化。

4. 价格策略

价格战是书业近来关注的问题。几年前，北京中关村图书大厦和第三极书局的价格战是一种打法，浙江省新华书店集团的“橙色风暴”是另外一种思路。从品类管理的角度来说，零售商还可有另一种选择，就是分析顾客对价格的敏感性：读者对价格是否敏感？价格策略的变化会不会带来明显的销售变化？

例如，三、四线城市的儿童书购买者对价格相当敏感，有一家门店最高的价格敏感度达到了1.23，在经济学理论中，价格敏感度表示为顾客需求弹性函数，即由于价格变动引起的产品需求量的变化；而高校社区的儿童书购买者对价格非常不敏感，只有0.77。高校社区的顾客更重视教育，有较强的购买力，倾向于购买质量更好、价格更高的儿童书。

这就是说，同样一个品类在不同门店、不同商圈，采取同样的价格政策是不合理的。假设高校社区的门店在顾客对价格不敏感的情况下打折，意义就不大，很可能白白损失了毛利；如果在三、四线城市图书市场，顾客对价格敏感的时候，对儿童书进行打折，可迅速地促进销售。

5. 广告宣传

如果是一家以教育阅读为主的书店，大量的活动都要紧紧围绕学生及其家长来展开：活动、培训、讲座都集中在这两类顾客上，资源都集中地投入在与核心顾客高度关联的活动上。这样，比较容易持续有效地稳定和巩固主力顾客群。

反之，如果举行了很多活动，但是目标分散，没有锁定在特定的顾客群上，就会造成投入产出率不高。所以，广告宣传策略要把商品定位和核心顾客群紧密整合起来。

书店如何提高顾客的购买率

假如顾客的购买率不变，客单价不变，那么客流量的提高就可以带来销售业绩的提高；假如客流量不变，客单价不变，那么提高购买率，增加买书的人数，销售业绩自然也能提高。

因此，我们要提高销售业绩，在提高客流量的同时，还要想办法提高顾客的购买率。那么顾客的购买率和哪些因素有关呢？我们认为和商品品种数、价格梯度、销售折扣、店员推荐等有关。

1. 商品品种数

图书是特殊的商品，具有文化属性和商品属性，每本书都有对应的读者，每个读者都需要适合自己的图书。因此，一个书店能不能满足更多的读者需求，读者能否找到适合自己的图书，最关键的是书店的品种情况如何，丰富的品种也给予了读者更多的选择余地，这是影响顾客购买的直接原因。实践证明，书店的销售业绩和图书的品种数是成正比的。因此，我们需要在条件许可的前提下调整图书品种结构，增加图书的品种数，这样才能使更多的读者购买。

2. 价格梯度

我们在调整品种结构和增加品种数量的同时，还应该注意图书的价格梯度。所谓价格梯度，是指书店有不同价格层次的图书产品。包括两个方面：一是整个书店要有不同价格档次的图书，另一个是同类图书也应该有不同价格的品种。这样就能满足不同读者的需求，从而提高购买率。

由于每个人的经济水平不同，所以购买能力也不同，这个因素不但影

响顾客是否购买，也影响顾客购买时对价格的考虑。所以，我们要设置不同的价格层次的图书，尽可能地让更多的不同经济水平的人能选购到适合自己的图书。比如，《红楼梦》有很多版本，各版本的特点不一，价格高低也不尽相同，如果书店只有定价在 30 元以上的版本，但顾客只想花 20 元买的话，就不能满足他的需求，如果有定价在 19.8 元的，就能满足他的需要，这样不就能提高顾客的购买率吗?

再以儿童图书为例，一般情况下他们喜欢买价格在 6 ~ 16 元的图书，如果超过这个价格，那么很多顾客会觉得贵，有点不合算。但是儿童类的礼品套书定价在 60 ~ 120 元比较合适。如果书店只有低价格的儿童书，那么想买书当礼品的顾客，就没有合适的可选。如果只是希望买本书给孩子看看，图书的定价都在 30 元以上，就会使部分顾客不会购买。因此，图书的价格梯度是影响顾客购买率的因素。

当然，考虑各种价格梯度的同时会带来库存的加大，因此，店小的情况下，只能选择最合适的价格的产品。

3. 销售折扣

这里所说的销售折扣，指我们卖给顾客时所打的折扣。

由于市场竞争激烈，顾客经济水平所受限制等因素的影响，顾客对能以什么折扣优惠非常在意，这是影响顾客是否购买的一个重要原因。网上书店对地面书店的冲击，就是缘于折扣的优势。有的书按定价顾客觉得买下来不合算，要是能按照八折购买他们就觉得合算，在这个情况下，如果书店卖八折，顾客就会购买。所以，书店在坚持自己的销售政策的原则基础上，适当地调整销售价格，是刺激顾客购买的手段。

销售折扣其实是促销手段之一，顾客的购买率的高低和折扣促销有着直接的关系。折扣促销的实施往往能刺激购买欲望，挖掘顾客的购买潜力，增加购买率。

4. 店员推荐

很多时候，都有这样的情况发生：读者很难对书店的众多好书一一了解，许许多多的好书没有被读者发现，从而失去了被购买的机会。比如一本好书，本来在书店的零售销量可能达到20本，可实际结果总是达不到，甚至相差甚远。是没有那么多读者吗？还是有什么别的原因？

其实最重要的原因就是该书的潜在读者了解不到这本书的信息，而这类读者其实对这些书是有需求的，如果读者知道了这本书的信息，就会购买。但问题的关键是这个信息如何传递给读者。

这就需要有一种传递图书信息的渠道，而店员推荐就是一种渠道，店员给读者推荐图书，使顾客找到他们需要的好书，从而提高单本图书的购买率。当店员看到读者挑选某方面图书的时候，店员可根据读者挑选的情况再有针对性地推荐一些相关图书，如果很容易引起读者对推荐图书的关注，读者认为店员所推荐的书适合自己的需要，就会购买。这说明店员的推荐工作能提高顾客的购买率，促进提高购买率。

小书店的大经营策略

有人认为，开一间小书店是一件比较容易操作的雅事。如不少白领就有过开书店的畅想，他们寻思租上一间房，找亲戚朋友打理，自己工作之余过问一下就行。甚至有的人认为，离退休的父母更适合开家书店，既悠闲又赚钱。开一家小书店也需要掌握独特的经营之道吗？答案是肯定的。

1. 开书店必须定位准确

任何营销模式首先一定要有清晰的市场定位，开书店也不例外。一家

书店开在哪里，周边的读书氛围和辐射的读者群怎样，对一个有志书店经营的人来说至关重要。比如，在居民小区附近，学术性强的书籍走俏很难；超市里面，美容、饮食、休闲等生活类的书往往受到青睐；打工人员聚集区，好销的大多是各类杂志、武侠、言情类书籍等。

有一个成功的书店老板，首先把目光瞄准了北京中关村区域，因为这个区域聚集了大量 IT（信息技术）精英和科技人员，且人流量大。针对该地段的读者特征，他开了一家侧重财经、科技、艺术的书吧。由于准确市场定位，很快吸引了一批稳固的读者群，且慕名前来买书的 IT 白领也越来越多。

2. 多元化的进货渠道

书店进货渠道大致分为 3 种，即出版社、图书批发市场和个人工作室，3 种渠道对书店经营者的要求大不一样，所提供的折扣也有很大差异。

出版社的供货对象首选新华书店，对民营书店的供货就比较慎重。这里面的关键是信誉问题。民营书店必须具有一定的规模和良好的口碑，方能取得出版社的支持和合作。相比之下，图书批发市场这条进货途径对小书店经营者来说可谓捷径，它不要求雄厚的资金，进、调、退货也比较方便，只是在折扣上要吃 3 ~ 5 个点的亏。再有那就从个人工作室进货，虽然折扣十分优惠，但可选择的品种较少，货源也不稳定，且每种图书的拿货起点至少 100 本。

“多管齐下”才能丰富店里的品种，吸引更多的读者进入。因此，我们平时一定要凭着本分做人的原则，树立良好的信誉，加强与多家出版社达成合作关系。同时，图书批发市场和个人工作室也要纳入进货渠道的首要来源。只有得益于多元化的渠道，你书店的书籍种类不仅丰富，而且更新速度才能快。

3. 折扣不该是秘密

我们都知道，从出版社进货，除部分教材八折外，其他书籍大都在六至七二折。

每次进货的时候，出版社都会根据书店所购书籍数量、种类和付款形式的不同给书店不同的折扣。图书批发市场属于二级批发，其批出的让利折扣通常比出版社要少些。而个人工作室发行的书籍普遍存在定价过高的问题，所以出现高折扣也并不奇怪。因此，经营者要根据市场行情和实际需求进货，只看折扣进货并非上策。

4. 图书陈列有讲究

同样的书，摆法不同，销售效果也大不一样。开书店是为了读者服务，那就应该让读者第一时间找到自己需要的书籍。实践证明，同样一本书由于不同的陈列形式，会导致不同的购买效果。因此，我们应尽可能用台面展示图书，每一种书约占 10 厘米位置，不同品种、颜色相近的图书尽可能叉开摆放，每一格图书排紧后要留出 5～10 厘米的空位，让整排图书有宽松感。书脊窄、字体小的图书摆放在书架的中间，便于视力不好的读者找书等。

5. 20/80 法则

市场经济给每个行业都设定了相应的利润空间。通常规模书店遵循的大致是“20/80 法则”，即 20% 的书创造 80% 的利润，但这个 20% 的书又不是固定不变的，它是由畅销书、常销书和热点书的交叉更新、不断滚动构成的。另外 80% 的书则是做人气。

所以，操纵这 20% 的利润，考验着每个书商的眼光、速度，还有他的智慧和经营能力。目前全国这么多家出版社，年出书品种几十万种，图书

的生命周期日趋短暂，好多畅销书往往只有一两个月的市场效应。这就需要书商不断地跟踪图书市场，结合读者关心的问题及时对书的结构进行调整，最大限度地满足读者需求。

书店如何经营管理音像制品

如今，许多学习类图书品种都配有磁带、CD（激光唱盘）、VCD（数码激光唱盘）、DVD（高密度光盘）等音像产品，因其以声音、影像等资料增加读者的学习兴趣及提高学习效率而备受青睐，出版者也争相介入其中，特别是英语学习图书——从幼儿园用书、中小学助学读物、大学英语四六级考试到托福、GRE（美国研究生入学考试）等，无一不与磁带、CD等碟盘配套而来。反之，也有许多有声读物配有纸质图书或者杂志。但是，在出版商获得市场、读者提高学习效率的同时，各大小书店就要因此增加书与碟盘的管理成本，许多书店也经常为此而烦恼。

1. 书盘不同步或不同量发行

尽管现在许多大型出版商都既拥有图书出版权，也拥有音像出版权，但仍有部分出版商只有其中的一种出版权。因此，无论是书配盘还是盘配书，二者不分开定价的，在只有图书出版权或只有音像出版权的情况下，有时便很难保证图书与碟盘同步出厂，特别是所配音像材料为磁带时，没有音像出版权的出版商往往必须委托其他音像出版公司来制作，从而影响书盘的同步发行。

当然，有图书和音像两项出版权的出版商，有时也会因为装订厂的原因出现漏装的情况，即书配盘的盘少了，盘配书的书少了。而书店在采购图书或音像制品时绝大多数情况是一起采购的。由此一来，书店势必要面临以下几种抉择：如果出版社分两步发行，书店就要做两次接收验货，无形之中增加了书店的工作量，而且书店在收到图书后，是上架还是不上架？如果上架，又如何向索要配套碟盘的读者解释，做不做登记，如何做登记；如果不上架，一是要损失需要该书的读者所带来的销售，二是怎样向出版商的业务人员解释，三是如何解决库存问题。

还有一种情况是，有些图书所配磁带或其他碟盘与图书本身是分开定价的，出版社在发货时考虑有的读者可能只买图书不买碟盘就会不同量发行，即书多而盘少，书店在码放时也一般会考虑到这种因素，但因碟盘的在途损耗一般都会比图书的大，销售过程中还有可能会出现自然损坏即在架损坏或丢失，这些因素都有可能导致碟盘短缺的情况。

对于这种情况，我们该如何解决呢？

对于只用书号发行，本身应有配套碟盘且不单独定价的图书，如果其配套碟盘未能同步发行，书店可采取暂不上架措施，或者建议出版社同时发货；如有特殊原因必须先上架的，就应在图书陈列所在的书架或收银台等醒目处贴上相关告示，告知读者碟盘的到货时间，营业员被问及缘由时要耐心解释，并做好登记手续，以便及时通知读者前来领取。

对于书与碟盘分开定价的，如果不同步发行或者缺货，也应向有需要的读者解释清楚，并做好登记手续，以便及时通知读者前来购买。

书店在采购时要根据历年的正常损耗、自然损坏等比率适当做足准备，如出现碟盘短缺时，应及时向出版商沟通并报订补齐；出版商方面则应尽可能地做到同步发行，特别是在春、秋两个旺季，即便所出版的图书在市场里非常牛气，出版商如果未能做到书与碟盘同步发行，由此带来的损失肯定是不可估量的。

2. 拆盘还是不拆

对于配套碟盘（这主要是指只用书号出版图书所含不另外定价的碟

盘）是否拆下来管理也是众多书店比较困惑的事情。如果书店将书与碟盘捆绑在一起销售，就有可能会出现读者一不小心将与图书所配套的碟盘拆下而弄乱、弄丢，甚至有意拿走的情况，这样就会带来碟盘短缺的现象。因此现在绝大多数大书城都是在书与碟盘到货后，先将书中或书后所夹的碟盘拆下来，放在收银台、总服务台或专设的某个区域，读者购买图书后可凭购书小票到指定地点去领取。但由此带来的则是增加了书店员工的劳动量，书店人员在拆卸碟盘时也有可能会不小心损坏一小部分，这也会导致碟盘短缺。如果是连锁书店的话还会给其物流配送体系带来不少挑战，且收银台或总服务台的服务人员有时会因不了解情况，仅凭他们自己的编号导致误配。假如读者当时不知有碟盘而营业人员包括收银人员忘记提醒时，还会出现漏配的情况。

对于这种情况，我们该如何解决呢?

如果是大型书城，对策最好还是将碟盘分拆开，并实行分区管理，即英语书所配碟盘拆下后，由英语柜组的营业人员设专区管理和发放，其他类型图书的配套碟盘则放在其对应的柜组所设专区。同时，收银人员在收银时应及时提醒读者去碟盘管理专区领取所购图书的配套碟盘。如果是连锁书店，假如物流配送体系允许，也建议采用这种解决办法。

如果是小型书店，因空间有限，毕竟每本书陈列时副本量都比较少，还是建议采用书与碟盘捆绑在一起进行销售，只是营业人员要适当加强巡视，以便及时提醒自己拆卸配套碟盘的读者注意爱护图书，从而减少因此带来的自然损坏和损耗。

3. 单独抑或交叉陈列

正如前文所说，现在的英语类图书市场可谓无奇不有，有些是图书配有碟盘，有些则是碟盘配有图书，还有很多分开定价但相配套的图书与碟盘。由此引发的另一个难点就是，书店到底是将图书和碟盘捆绑一起后单独放在音像区或者图书区销售，抑或在音像区和图书区均作陈列，还是将图书与碟盘分开后各自放在图书区和音像区？

对于这种情况，我们该如何解决呢？

大多数书店都会将图书与碟盘捆绑在一起，然后同时在图书区和音像区进行陈列，也有的是二者虽不捆绑，但会在图书区和音像区同时陈列相配套的图书和碟盘，如在一层书架陈列图书，一层书架陈列相配套的碟盘，这样一来可方便读者选购，同时因增加了上架率而可扩大销售。

案例链接

美国儿童书店的经营之道

美国一些儿童书店凭借自己的特色和与时俱进的理念走到了今天，经营十余年甚至数十年而屹立不倒。

从1966年第一家儿童书店的出现，到20世纪八九十年代的高峰期，再到在网络和连锁书店冲击下的岌岌可危，美国的儿童书店已走过了近半个世纪的历程。与所有的独立书店一样，近年来儿童书店也面临着种种威胁与挑战，有些甚至退出了历史舞台。但是，仍然有一些儿童书店，他们凭借自己的特色和与时俱进的理念走到了今天，经营十余年甚至数十年而屹立不倒。以下就由一些美国各具特色的儿童书店的经营者介绍各自成功的秘诀。

经营之道一　保持传统

成立于1966年的往事书店是美国第一家也是最古老的儿童书店。2003年，书店创始人退休后，该书店由一位老主顾接手。她接手的第一年，销

售额就达到了上一年的175%。2007年，往事书店的销售额增长了7%。经营者表示，成功的秘诀在于她坚持在店面的装潢和布置上维持传统特色，强调历史感，同时不断拓展图书品种，在使用古老的书架陈列图书的同时，她还使用了最先进的库存管理软件。她说："你不需要完全改变书店，但是要不断地开发它的个性和特色。"下一步，她准备启动的新业务是利用电动车为当地的老主顾提供送书上门的服务。

创建于1975年的赛恩·玛丽挪玩具与图书商店的店主说："作为一家老书店，我们并没有尝试太多改变，这可能也是我们能够维持至今的原因。我们坚持用手写的价签，用纸绳为顾客打包，我们包装用的纸张仍然和33年前一模一样。我们没有库存管理软件，这两年才刚刚设置了收银台。我们的顾客也都是传统的人，有的家庭甚至是四代人都到我们这里买书。"店主同时强调，这并不意味着书店没有一点变化。她认为，文化活动、发给读者的新闻通讯和书店自己的网站都是必不可少的改变。

创建于1985年的尼尔森夫人玩具与图书商店（Mrs. Nelson's Toy & Book Shop）是为数不多的仍然坚持传统且业绩良好的书店之一。店主表示，让儿童感受到书店的特色和氛围是独立书店的优势所在。

不管时代如何变化，人总是怀旧的，保持传统这个看似以不变应万变的做法，其实也是最厚重的资本。

经营之道二　经常开展文化活动

"蓝色大理石"最初是店主摩尔利用自己家的庭院走廊开的一家玩具店，但现在这家店里95%的商品都是图书，主要由摩尔的丈夫负责经营管理。他表示，他们的书店也曾一度经营困难，但是自从他们坚持举办作者签售等活动后，情况大大好转。摩尔说："每次一有作家活动，书店里的人就特别多，我们不得不在楼梯上吃饭。"摩尔强调，尽管来的孩子和家长很多，但他们从不向顾客直接推销或强制他们购买某本图书，而是凭顾客自愿。除了直接面对终端读者的服务外，蓝色大理石书店还与当地的学校和图书馆保持合作。

菩提树儿童书店是第一家推出儿童故事会和儿童音乐会的独立书店。菩提树儿童书店创建于1989年，经历过4次搬迁，目前经营面积为约250平方米。文化活动是其多年来的传统之一，已在当地形成口碑。每年在当地的文化节、书展，甚至葡萄酒节上，他们都有活动推出。其经营者说："以前我们做活动只是为了做品牌广告，但现在我们更注重贴近终端读者。文化活动已经成了我们书店的一种象征。"

25年前开业的名为"秘密花园图书园丁"（Booktenders Secret Garden）的小型独立书店被许多爱书的人称为"魔法藏书屋"，是美国最著名的儿童书店之一，经营者透露了她在连锁书店和网店的竞争下生存的秘诀：把更多的儿童书作者和图画书作者带到当地的学校里去与教师和孩子们进行互动和交流。目前，与学校的合作占据了他们总业务的60%。

赛恩·玛丽娜玩具与图书商店也表示，近年来最成功的尝试就是将作者的签售活动拓展至当地的学校。同时，他们每年还参与组织附近45家学校的校园文化节，这使他们收益颇丰。

开展各式各样的文化活动，直观的效果是增加了客流量，长期坚持下来，无疑能拉近与终端读者的距离。

经营之道三　加强合作

除了举行活动外，直接与学校图书馆合作，帮助他们购买图书也是许多儿童书店的经营方针之一。秘密花园书店的经营者表示，他们会为当地学校的图书馆和教师提供一些服务，如主动帮他们寻找与课程相符的图书等。目前，她正考虑迁址并进一步扩大店面。

另一家儿童书店——红气球书店（The Red Balloon Bookshop）几年前开始向当地的私立学校销售教材，书店负责人表示，目前，教材和教辅的

销售占他们总体业务的46%。

位于纽约的银行街书店（Bank Street Bookstore）是银行街教育学院下属的一家儿童书店，这样的隶属关系使得他们在销售渠道上有了一定的优势。书店经理说："我们能够得到一点点保护，这很幸运。"考虑到这样的背景，银行街书店除了库存有3万~3.5万儿童图书外，还提供1.5万~2万种教师用书，以同时满足该教育学院学生和教师的需求。

尼尔森夫人书店的主人说："我们是最漂亮的书店之一，但是我们没法向更多地区的人们推广它，竞争太激烈了。从我们这走5分钟就有一家巴诺书店，人们也喜欢在网上买书。"两年前尼尔森夫人书店启动了校园图书业务。店主指出，校园业务帮他们吸引了更多顾客，对书店经营很有帮助。

书店加强与学校和图书馆的合作，就如同找到了营销的铁饭碗，何愁销售问题?

经营之道四　利用网络工具

蓝色大理石书店是最早启动网络业务的儿童书店。从20世纪80年代起，他们通过Bibliophile（图书爱好者）网站销售他们的全部图书，随后又启动了自己的网站。同时，他们还通过美国最大的网络二手书商销售5000余种具有收藏价值的绝版儿童书。而目前他们书店的一个新定位是"环保化"。店主说："店里所有的包装材料和纸张我们都会回收，我们设计了自己的纸袋和布袋，并以展览的形式向顾客展示，然后发送给顾客。"

银行街书店也启动了自己的网站。书店负责人表示，通过网店与实体店的形式，他们覆盖的客户群体更广泛了，而不仅仅是当地的顾客，甚至冰岛和中国香港的一些教师都会通过他们的网站购买图书。

位于布鲁克林地区的儿童书店（The Children's Book Shop）店主说："我一直坚持主营图书，所以我知道每分钱都花在了哪儿，这也是我能够将它维持至今的主要原因。”1985 年，现在的店主接手了这家已有 10 年历史的儿童书店。目前，该书店不仅仅是当地最古老的儿童书店，也是为数不多的几家没有增加副业、只销售儿童图书的书店之一。店主表示，在过去的 30 年里，他最大的感受就是网络书店的崛起和出版商之间的兼并。另外，由于布鲁克林地区相对偏远，知名作家光临的次数相对较少。史密斯表示，以前他们会和附近的图书馆合作，每年秋天都会举办六七次大型作者签售活动，但现在只能举行两三次。为了克服地域上的限制，他们启动了自己的网站，该网站今年夏天刚刚上线，同时，他们还会定期向读者发送一些宣传性质的电子邮件，同时邮寄一些书目清单等。

网络是一种桥梁，也是书店实体店的有益补充。它克服了地域上的限制，使更多的顾客有机会了解这些书店，丰富了书店的业务。

经营之道五　增加副业

位于盐湖城的儿童时间书店（The Children’s Hour）是最早将非图书产品引入店中的儿童书店之一。它已经经历了四次搬迁，将其经营面积扩大到了约 370 平方米。除了洋娃娃等玩具外，首饰和儿童服装也属于他们的经营业务。店主说：“服装业务使我们覆盖了更多的终端读者，带来了很多顾客，使我们一直不断进步。”在新店，她将更多的空间用于展示非图书产品，如男士服装等，因为许多孩子都是由父亲带着到店里购书的。店主还说：“我们销售的是一种感觉，就是要让我们这里像一个小小的天堂。如果顾客只购买图书的话，就不会有这种幸福的感觉了。”

八兄弟儿童书店（Eight Cousins Children’s Books）的店主说：“我觉得儿童书店是所有书店中最具观赏性的。它不需要很大，但需要细致的管理和精心的布置。”在她看来，书店就像她身体上的某个器官，需要不断地呵护和照顾。八兄弟书店附近的一家成人书店关门后，她将那家书店的书以低价买入，并开辟了成人图书专架。目前，他们库存有 300 余种成人

图书，占据了书店销售额的8%～10%。今年春天，她又启动了图书租赁项目，包括儿童和成人图书。店主说："我们现在正在想是不是要设置一个图画书专区，我们一直都在做的就是精细管理，精细再精细。"

近年来，红气球书店销售的图书品种包括儿童图书、成人图书和系列漫画书，其中最主要的是精装本图画书。去年，菩提树书店缩减了儿童音像制品的销售，同时强化了平装本童书和玩偶等附加产品的销售。

"秘密花园图书园丁"的店主表示，顾客们都很在意价格的高低，因此儿童图书"是一块很严峻的市场"。她说："最近两三年来，人们对低折扣的需求越来越明显，以前会有一些儿童书收藏者，但是现在越来越少了。"为了吸引那些青睐折扣图书的顾客，书店成立了一个折扣图书俱乐部，除了该俱乐部的图书之外，所有的图书仍按照原价销售。

顾客是上帝，以顾客的一切需求为自己的需求，这绝对是营销的第一法则。如今的销售已经不仅仅是在销售一种商品，而是在销售一种服务。

第十章
教你开一家赚钱的特色书店

书店是一种传统行业，因为一些大型的书店已经占据了市场的很大份额，所以如果您选择开书店一定要选择有特色的书店来经营，才有可能在激烈的市场竞争中占有一席之地。本章为读者搜罗了一些特色书店的经营之道及案例，希望能为您的创业提供一些借鉴。

开一家赚钱的中小学教辅书店

开一家中小学教辅类书店，需要注意三个方面的问题：一是风险。中小学生教辅很具有时效性，譬如每年7月进一批教辅资料，目标消费群只有当年9月开学的学生，因为教委每年对学生需要掌握的知识点要求是有区别的，今年的材料明后年不一定适用，所以如果销售情况不好，很容易形成压货。

二是营销。很多店主认为书店就应该是等着学生或家长找上门，不会主动制造生意的契机，这是一个误区。

三是货源。货源的优劣直接决定了一间书店的品质，一方面店主要设法控制进货成本，另一方面又要把握好书的质量，要在成本和质量之间寻找一个平衡点。

一般情况下，中小学生教辅书店是肯定能赚钱的，但也需要一系列精细化营销策略。

1. 前期准备

①由于教辅书籍是一类有时效性的产品，因此在涉足这个行业前，创业者须熟悉书店周边学校对教辅版本的要求。通常来说，教辅因各个地区而异，店主要弄清行情再进货。

②门面最好能租在校门口，店面面积需要15～25平方米，装修须简单、明亮，书籍最好按科目进行分类，其次是按系列进行分类，比如奥林匹克竞赛系列等。

2. 进货渠道

①各种教辅书籍网站。这类网站的书籍批发价格一般在标价的三至五折，选择余地较大，进货方便省事。

②各地的大型书刊批发市场。这类市场的书籍批发价格一般在标价的三至六折。与网络进货相比，此类进货渠道的优势在于，店主可以现场查看书籍的内容和质量，劣势在于浪费时间和精力。

教辅书籍进货的渠道主要为以上两种，需要特别强调的是，切勿进购盗版书籍，这将直接导致小店因无法建立声誉，经营不善继而倒闭。

3. 经营策略

①开业促销。开业时，可在店门口做一个展板，将一些有噱头的教辅书的海报、酬宾特价信息等登在上面。促销方面，可以采用搭配销售，譬如购买某系列语文、数学、外语教辅，送物理、化学或政治教辅一本，相当于买三赠一；也可以直接打折，如“买两本打九折”“买三本打八折”“买五本打七折”等。

②开拓“资源”。这里所谓的资源，主要是指书店附近学校的老师和校办公室。由于学校从每学期开学到放假，都会在不同时段让学生购买教辅材料，并且一般都会指定某种系列教辅，而不会统一购买或指定学生到某个固定书店购买。店主可以先去校办公室或教导处，了解学校对各年级教辅材料的要求，譬如需要什么出版社出版的什么系列的教辅，然后谈合作——年级统一在书店购买教辅，一次性可给予七折优惠等。

如果该校比较忌讳这类合作，店主可以通过组织一些公益性活动来抓住校方眼球，如赠送一批二手图书给校图书馆等。

开一家赚钱的女性书店

最近几年来，以女性为主题的图书、杂志俨然成为国内出版界的“显学”之一，出版社纷纷以女性为主题，开辟书系、发行杂志，种类繁多，令人目不暇接。原因很简单——女人是当今社会消费的主流群体，商家理所当然将眼光紧紧盯在她们的钱包上。由此，探讨女人喜欢研究的话题，将之作为一个专营方向，不失为出版商的一大妙招。

女人，好像永远是社会消费的主流。女人问题，不仅女士自己喜欢研究，就是不少男士也很想打探。开家专营女性问题书籍的书店，市场发展潜力将是相当大的。

据相关报道，在美国以女性为目标受众的出版物早已卓然有成，且市场发展相当迅猛。不仅如此，其更衍生出上百家“女性书店”，且销售的书籍从学术类、实用类到娱乐类，一应俱全。由此，就给了有心者一个启发，若将女性书店“引进”国内，市场前景亦有望看好。女性书店在国内能有所创收，发展前景非常广阔。不过专家指出，开办这类书店也要注意一些问题，并非跟风就能成功。

要想成功地经营一家女性书店，需要注意如下几点。

1. 店址选择与店铺装修有讲究

最好设在“女人街”、大型美容院或女士用品商场附近，形成系列服务，或与其他书店连在一起经营。店的面积不需很大，20 ~ 30 平方米就可以。对于店面装修及书架的购买，除了种类要齐全，女性书店更要提供人性化空间。

2. 女性书店的经营策略

经营策略方面，一是考虑读者“零损失”，即读者来书店既可买书，也可租书，只要保存完好，缴纳相应天数的租金即可，使风险和损失降为零，这种特殊的销售战术能吸引众多读者。二是采取分期付款。一套定价百余元甚至几百元的书，不是所有读者都买得起。读者首期支付50%书款，押上本人有效证件就可将书拿走，余下部分1~2次付清，也会赢得更多顾客。

此外，可以旧换新，只要处理好旧书的折价比率和旧书的出路问题即可。一般来说，旧书可用来出租或设专柜出售。还可实行会员制，既可通过发展会员筹集资金，又能围绕书店形成一批固定的读者，保证书店的销售收入。

但要注意的是，采用会员制销售图书，书店对会员的服务和图书质量保证是最重要的，女性书店尤其如此。

书店门口可适当张贴醒目的新书广告，体现出新书的内容及适宜何种情况的女性。

3. 书籍陈列

女性书籍涉及内容很广，宜分类摆设。大的方面可分为家庭、社会、生活、事业等。每一大类内，又可细分。家庭方面可分为如何做好家庭主妇、如何处理好与丈夫及子女关系、如何做好子女教育。社会方面可分为如何提高妇女的社会地位、如何维护妇女的合法权益、如何看待丈夫的婚外情等。事业方面可以分为如何做女强人、如何做好社会公关工作、如何处理好家庭与事业的关系等。

书籍的陈列还可以未婚女子、已婚妇女或以青少年女子、中年妇女、老年妇女来划分，根据不同的年龄层次，研究有关的女性问题，让读者在

店中能轻松地选到自己想买的书。

开一家赚钱的母子书店

中国家长喜欢说："再苦不能苦孩子，再穷不能穷教育!"中国图书业，尤其是母子书店将会迎来蓬勃发展的好时机，市场前景势必非常广阔。

1. 开店建议

开这种书店最好选择在儿童比较集中的路段，如有幼儿园、小学的路段。店面有两间房大小便可以了。要注意书店的亲情氛围，要有亲和力，店面装修应给人温馨的感觉。在图书进货的时候也要注意书的内容和内涵，对于儿童读物、早教教材要有权威性，抓住顾客的特点，以母子特色取胜。

2. 经营之道

书店的经营可采用书籍零售、书籍租赁、书籍银行、书籍寄售 4 种方式结合的方法。

①书籍零售。"母子书店"就应专门销售幼儿教育、儿童文学、小学教辅、才艺兴趣、智能训练、父母读物、家庭综合等方面的专业书籍和音像制品。

②书籍租赁。买书不如租书，可以不用为只看几天的书而掏几十元了，可让教育成本立即节省 10 倍，是家长们愿意采用的形式。

③书籍银行。闲置书不再是累赘，寄存在书店，既节省空间，又赚取利息。

④书籍寄售。把闲置的书寄放在书店里出售，变废为宝，还能把闲置品变成钞票。

母子书店应经常推出一些亲情有奖活动，如开展买书给孩子赠送铅笔、橡皮、文具盒、铅笔刀等学习用品活动，不仅给顾客实惠，更体现出了“母子书店”对孩子学习上的重视，通过这种方式便会吸引更多的家长带孩子来购书。

开一家赚钱的休闲书吧

现如今，人们的工作和学习竞争非常激烈，压力非常大，因此，他们都希望有一处能集图书馆、书店、茶馆的优点于一身的场所，可以让自己在喝茶聊天的时候翻翻时尚杂志或流行小说，也可以让自己在舒缓的音乐中，忘记工作的疲劳和学习的压力，放松身心。但是很多人在自己居住的城市，却很难发现这种店的踪影。因此，笔者建议有心创业者，不妨巧抓商机，开一家休闲书吧，以满足人们的这种需求。

1. 开店建议

开个休闲书吧不需要太大的投入，门面面积在20~40平方米即可，因消费者以学生和白领为主，服务价格不宜过高，同时租金不要过高，最好选择在文化气氛比较浓厚的高中及高中以上校区或商业区周围。在装潢上一定要突出环境温馨。在前期需要购置相当一部分书和茶具、座椅、桌子等，需要雇用2~3名服务员负责休闲书吧内的服务。

2. 经营之道

首先，应把书吧的特色在服务中体现出来，书吧的书是免费供顾客翻

阅的，所以在提供饮料、水果、点心等收费服务的同时应适当收取费用，同时还可为读者提供售书、订阅书等服务，可以让读者在翻看书籍之余，如果想带回去细细阅读，便可掏钱买下来，以满足他们的需求，如此，便会吸引更多的顾客成为书吧的回头客。其次，书吧最好及时收集各种畅销书的书讯，有条件的话可以编制畅销书排行榜，为读者提供信息。最后，为了培养稳定的客户群，书吧可以推出读者会员卡，持有会员卡可以享受优惠，可以在保持书刊整洁的同时免费借阅图书，或者年底享受相应的赠阅优惠等。

开一家赚钱的农民书屋

越来越多的农民朋友理解了“知识改变命运”的道理，渴望吸取更多有用知识的愿望尤为强烈。农民不可能购买足够数量的报刊和图书，所以在小城镇开办一家农民书屋，不仅可满足农民们的精神需求，更可以为自己带来较为可观的收入。

1. 开店建议

如果开办者住在沿街交通便利之处，可省去房租，有一间30平方米的房子足够，同时需要购置书架等物品，同时还需要订购大量图书和报刊，主要是以借阅的形式进行收费。一般乡镇有一两万人口，如果其中每月有1500人次借书，每本书借阅一次（2天时间），收费每日3～5角，1500本书借一次可得900～1500元，如此一年便会有10000元以上的收入，如果在农民书屋出借一些休闲类、武侠类的书，那收入还可以增加几千元。

2. 经营建议

①选择所订的报刊很关键，要订致富类、信息类、科技类或三者综合的报刊，多订杂志少订报，也可适当订一些文化生活家庭类的杂志，报纸最好按月或季装订，以便于读者借阅。

②可制作借书证发给长期借书的人，短期借阅的视书价收取适当押金。

③随着开办时间的延长，图书室的书报会越来越多，效益也会越来越好。

开一家赚钱的附着式书店

附着式书店，是指依附于某种载体的书店。这种书店本身不能带来多少读者，是依赖于所附着的“体”而生存。

附着式书店因附着对象不同而形式多样，最典型的是购物中心（超市）的“店中店”，还有电影院书店、展览馆书店、美术馆书店、音乐厅书店，除此之外，还有依附于写字楼的书店等。

从某种意义上说，附着式书店的投资风险比临街的独立店铺要大，因为顾客流量大小的主动权其实不在自己。正因为如此，附着式书店的开店要保证成功，需要注意以下几个策略。

1. 降低租金的沟通策略

在开店前要了解该附着体引进书店项目的真正目的是什么，是“商业”的目的——如为丰富商业业态纯招商，还是“文化”的目的——如为增加文化氛围而引进书店项目。目的不同，反映在租金上标准也不同。不

管是“店中店”按销售提成的方式，还是按月收租的方式，在确定租金时一定要考虑以下几个因素：

①书店是文化项目，能增加文化氛围；

②书店是留客人数多、时间长的项目；

③书店是经营定价商品，且行业的进货平均折扣较高，利润空间有限。

在前期的沟通时明确以上3个因素对书店降低租金是有利的。

2. 保证赢利的规模策略

一般来说，附着式书店的客流绝大多数是靠附着体带来的，书店自身很难有招客能力，因此，附着体能有多大的客流量是确定书店规模的重要依据。要保证投入和产出的效益最大化，确定规模的原则是宁小勿大。因为附着式书店一般是独家或不与外界的书店直接竞争。确定规模的简单方法如下：

①预测人流量。如附着体是已经开业的，那么只要在将开书店的地点认真记录一周的人流量，就可得出月平均人流量。假如是尚未开张的附着体（如未开业的大型商场、展览馆等），预估未来可能的人流情况就非常复杂，要请专业人士分析。

②预测销售。按目前状况，一般进书店顾客的购买率在35%左右，每个顾客的平均消费在53元左右（各地情况不一，且以平均值测算），按照这个标准去测算，就能推算出未来书店的销售额。再按图书35%的毛利，就能算出毛利额。

③找出盈亏平衡点。成本=租金+人员工资+税费+办公费+装修、书架摊销等。预测的毛利额要能承担这个书店成本的底线，也就是盈亏平衡点。

④确定规模。以盈亏平衡点去反推分配，就能测算出租金应该是控制

在什么水平。根据租金标准，就得出可以承受的面积，再综合考虑该附着体的未来成长性等其他因素，就能确定书店的合适规模。

3. 融入一体的风格策略

附着式书店在店堂格调定位和装修风格确定时，要充分考虑与所依附体是紧密相连的整体，因此装修风格要和附着体保持一致。这样做一方面符合附着体的整体要求，另一方面也是与该附着体的主流人群喜爱的氛围保持一致，有利于书店的经营。

4. 迎合销售的产品策略

由于附着式书店的规模一般不大，且主要人流量是附着体带来的，因此，在考虑图书品种结构的时候，应该满足该附着体的主流人群，而不要去迎合小众类读者。从销售方面应该按照销售成绩的高低原则来选择图书产品，可以从以下几点来考虑：

①考虑周转快、销量大的图书品种，周转快就能提高资金的使用效率，产生更多的利润。

②同样的畅销程度，同类图书则考虑毛利高的产品，毛利高的产品比低的能带来更多的利润。

③考虑图书内容质量水平、版本的要求。

④考虑图书的制作质量，要设计印刷精美，纸张、装订等制作精良。

另外，从购买特点上多选择感性的随机性购买品种，少选择理性购买的品种。从出版渠道上来说，有专门针对某个渠道而策划出版的图书，如有“超市图书”等，专门针对该渠道出版的图书一般是经过深入的市场调研、适销对路的，因此找到适合本书店渠道的图书，容易产生好的销售效果。

附着式书店对图书进、销、存品种的把握主要是看销售业绩，而不是

主要看该图书是否权威，内容、质量是否上乘。一个品种是否保留，要依据销售业绩来定。

5. 引起读者注意的营销策略

附着式书店的顾客购买行为多为随机性，那么在营销手段上，首先要考虑如何引起读者的注意。只有读者注意了，才有可能翻阅，从而有实现销售的机会。因此，要利用一切手段让读者注意图书。基本的手段有平面展示、音像演播、文字说明、海报宣传、员工提醒等。

上述只是针对附着式书店的一般观点，并不一定适合特殊情况，因为不同的附着体情况都不尽相同，需要我们认真研究，灵活把握，只有这样才能保证成功。

开一家赚钱的社区书店

社区书店作为书店网点建设的一种形态，是中国城市化进程的产物，也是新兴的书店形式。经济社会发展，社区书店主要目标消费群的消费行为也发生了改变，这些都对社区书店的老板提出了新的要求。

1. 为什么要选择开社区书店

相较于综合书店和网络书店，社区书店具有独特的竞争优势和良好的发展空间。

首先，随着城市化进程的加快和居民物质生活水平的提高，社区的精神文化需求也在增加。社区书店对推动全民阅读、社区文化建设以及构建基层公共文化服务体系发挥着重要作用。目前，政府正在将国有书店的建设纳入城市规划建设之中，若干扶持政策也为社区书店的发展提供了良好的发展环境。

其次，社区书店具有低成本和便利的特点。社区书店开在社区，一般规模不大，租金和人力成本较低，周转迅速，能在较短时间内获得经济效益。而随着城乡建设的统筹安排和科学布局的落实，社区书店对于出版物发行网点建设的意义将会日益凸显。

最后，社区书店经营方式因为更符合现代社区居民的阅读习惯和消费需求而将继续成为重要的出版物发行渠道。在新媒体发展日新月异的今天，数字阅读固然发展迅猛，但也造成大众阅读的碎片化、浅层化。“第九次全国国民阅读调查”数据显示，纸质阅读仍是国民偏好的主流阅读形式，社区书店仍然拥有充分的读者市场。另外，社区读者以城市中产者为多，他们不仅追求消费便捷，也追求高品质的消费体验，进书店里不只是为了买书，更希望能有一个轻松、舒适的书香环境。社区书店具有社区独立空间，在亲近读者方面有地域优势。

2. 目前的经营现状

我国的社区书店是在20世纪90年代随着社区建设的蓬勃发展应运而生的。2000年左右，许多社区书店由于缺乏政府和社区的支持，在店面租金、人员成本重压下以及网络书店的冲击下纷纷倒闭。而其后的2006—2007年是社区书店快速发展期，一些大型出版发行企业将网点伸向社区，比如2006年成立的四川今日阅读传播有限责任公司已开设六十余家社区连锁书店，2006年由北京出版社出版集团投资经营的知不足书店在北京大型文化社区回龙观设立分店，2007年北京发行集团将营业面积达5000平方米的望京图书大厦定位为大型社区书店。

当前我国社区书店有两种形态：一是由主办单位在社区开设的连锁店，其代表有新华音像租赁发行有限公司开办的新华驿站以及上海诚品书店等；二是由各地新华书店、个人或集体在社区设立的网点，处于一种分

散零落、各自为战的状态。

就布局特点来看，我国社区书店主要分布在大中型城市的生活住宅社区、商业经济社区和教育文化社区，面向特定的居民群体经营，而多数社区书店规模小，图书品种少，质量参差不齐，盗版图书极为常见，无法满足社区居民日益增长的文化需求。

社区的封闭式管理，也影响了销售网点的辐射范围，市场培育开发不足；社区书店的经营管理存在服务功能跟不上、宣传意识较差、管理精细化不足等缺陷。总之，我国的社区书店目前仍处于起步阶段，其经营管理模式值得出版业者深入探讨。

3. 经营社区书店的策略

20 世纪 80 年代，美国经济学家罗伯特·劳特朋曾针对杰罗姆·麦卡锡在 20 世纪 50 年代的 4Ps 营销理论（产品、价格、渠道、促销）提出 4Cs 的应对策略（顾客、成本、便利、沟通），将之应用于图书营销实践也很有启发。我国社区书店在向国外发达国家发行业者学习先进经验的同时，应结合区域特点，以顾客为中心，发挥在品种和便捷性方面的竞争优势，提升经营理念，创新经营管理模式。

（1）因地制宜，服务人性化

与城市中心的大型综合书店相比，社区书店依托社区存在，面对相对稳定的顾客群，在出版物的品种、服务和营销方面应具有较强的针对性。书店的空间设计和图书陈列要精心布置，提高经营面积的利用率，增强阅读现场体验。在图书品种选择方面，应在充分调查了解社区居民的人口结构、生活习惯、文化生活特点的基础上，确定书店的基本和专门图书种类，既要提供多种类型读物，满足读者不同的阅读口味，也要根据书店的主体对象需求提供特色、专业书籍。

品种和便捷性是社区书店最基本的生存策略，正如英国瓦特斯通书店店主詹姆斯·当特所说：“如果客服和购物体验做得好，消费者就不会介意是否打折。”除了图书品种的选择要有针对性以外，更应当实现“一对一”的个性化服务，以培养忠实的顾客群，增强顾客对书店的归属感。社区书店管理员可以通过设立网上论坛、建立读者俱乐部等方式，与顾客建立紧密的情感联系；建立老顾客档案，定期向顾客发送图书目录，提供最新购书信息以及预约购书、送书上门等服务。在营业时间上，社区书店应尽量迎合社区居民的日常作息特点，如在工作日利用上午时间备货，下午开门营业，延长晚间和周末营业时间。

（2）扩展功能，经营多元化

书店多元化经营模式并不乏先例，国外如巴诺旗下的社区书店就不仅提供各种休闲娱乐教育类书籍，而且有咖啡屋、儿童专场、音乐吧、杂志区及各种时事新闻区，着力构建“一站式”服务平台。日本的一些连锁书店也正向多功能服务平台方向发展，不仅提供与出版物有关的服务，还在店中代销电影票、戏票、音乐会演出票，代理收取公共费用等，使书店的功能进一步综合化。

社区书店还应当积极参与社区公共基础文化建设，比如打造一些社区图书室、承办社区学习班、联合物业管理部门在小区开展读书活动等。巴诺在加州旧金山地区的九家连锁店，就有一位负责设计和协调各书店文化活动的公关人员，根据各书店所在社区的情况安排制定每月活动，如读书讨论会、诗歌朗诵、儿童故事会、专题晚会、烹调表演等，期间往往能掀起图书的销售高潮，也增加了书店与居民的联系，使书店融入生活，实现与社区的共荣。

（3）节约高效，管理信息化

书店赢得读者的要诀是新书到货早、上架快，必然要求在物流方面抢占先机。现代书店经营管理已然离不开信息系统的运作，无论是进销存管理、财务管理还是物流管理，借由规范统一的信息系统都能降低成本、提高工作

效率。实力较小的社区书店可以在关键环节或部分环节实现信息化，同时，按照物流管理的自身规律设计业务流程，力求从多个环节节约成本。也可以组成书业物流联合体，与第三方物流配送企业合作，提升物流效率。

在电子商务应用方面，实体书店建立网上交易平台已成为现代书店营销主流。社区书店可以积极利用网络，建设自己的网络售书平台，实力较小的中小型社区书店甚至可以借助淘宝等免费网上商务平台，零成本开设网上书店，全方位满足社区居民需要。

另外，书店可以通过建设与社区居民沟通的信息平台，对读者的需求特征、购买书目等数据的记录，分析客户偏好，更好地为客户提供售前、售中、售后三个阶段的个性化服务，提升读者满意度。

如果说，书店是一个城市的文化地标，那么社区书店则是一个社区的文化名片。相信随着国家相关标准规范的实施、经营者经营意识的提升以及经营模式的不断创新，社区书店将会成为社区居民的精神家园，实现经济效益和社会效益的“双赢”。

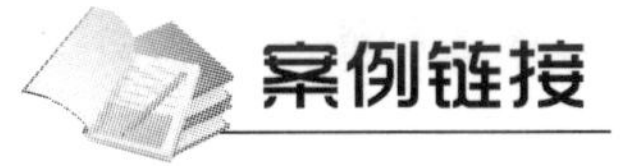

案例链接

做旧书也能 “财情横溢”

都说今日做旧书生意是个“黄花菜凉了”的行当，但阿昌却把他的旧书行当做得有声有色，而且还做到网上去了，可谓越做越大。他的成功，在于他做足了3个方面的文章。

1. 做足市场调查工作

几年前，阿昌在做市场调查时发现，今天的二手书屋通常是将人家卖不出去的书籍抱到店里，却忽视顾客究竟要什么版本。这种按部就班的“做法”，生意肯定不会好到哪里去。旧书交易最风光是1998年前后，但实际上那时并没有真正形成市场聚合力。由于市场竞争和经济环境的变化，旧书业便日趋衰落，有的老板转向卖新书，有的店主干脆撒手不做。

但阿昌认识到这是个好信息！市场格局的变化使得目前现存的正规旧书店已为数不多，这就无形中导致这里旧书业的现状已无法满足市场和读者的实际需求。阿昌在调查中得到这样的反馈信息：一群大学生说，我们把旧书店淘书称为“淘金”，因为那里实在是一个书的“金矿”。一位退休干部说，我一个月至少要逛3次旧书店，且每回要买上10本回家。这给阿昌开旧书店又增加了信心，加上近年来纸张飞涨，新书更是漫天要价，这无疑给二手书市留下了庞大的交易空间。

2. 锁定“业精于专”的理念

在经营中，阿昌发现自己的店里虽时常是满屋子的顾客，但真正能买到心仪之书的读者不到50%。这就如踢足球一样，球员虽都在满地跑，也形成了强大攻势，但就是进不了球。如何能使更多的顾客掏腰包？说白了还是要货源对路。

根据现在的实际情况，他认为应该主营社科人文类书籍，从而形成自己的特色。换言之，面对天花乱坠五花八门的图书市场，经营者绝对不能贪，面面俱到是经营旧书的致命弱点。

卖旧书有时如同喝酒，会喝酒的人通常不用一桌子的菜，有一两碟精致极品的下酒菜就够了。堆积如山的旧书，没人欣赏的话自然就沦为了占空间的废纸。

有了定位，在收购旧书时就有了尺寸。阿昌首先看书的内容，其次看出版社。财富、金融类的书籍，价格稍微高点也可以收购。

“业精于专”同时彰显另一个优势。旧书业作为一种文化消费模式具

有特殊性，购买者素质高，成交量也高。主营财富、金融的旧书店，其前来捧场的顾客的文化素养可想而知。

当然，要做到业精于专对店老板也是一种挑战。阿昌说，首先经营者自己要有足够的文化素质，这样才能做到眼光高，才能收购到高质量又好卖的旧书，也只有博才多学、有品位的经营者，才不会使一本绝版好书总是垫压在箱底下。因此，阿昌越是钻进旧书堆里越发感到自己的脑筋不够周转。

3. 增多有效交易渠道

在工作中学习，在压力下成长。阿昌说其实有很多办法可以把二手书屋的交易空间做大。如他开展网上交易（主要是学术类著作），意在便于与同行交流，此项交易占该店15%的业务量，再兼做一些不以营利为目的的书籍，这样做可以稳住老客户、争取新顾客，从而带动其他生意。又如增设“寄售”业务，这一招则充分站在顾客的立场，但也宣扬书店的诚信之本。此项业务面对那些有书却不愿贱卖的顾客，他们希望手上有价值的旧书能像字画一样寄在店里由老板“代销”。“代销”成功，老板收点“代劳费”。一个小小的二手书屋如此这般“做”下去，让阿昌一个月里赚下3000元纯利。

今年春节过后，阿昌利用特殊途径收购到100多本财富方面的书籍。没想到新学期开学没几天，就被学生抢购一空。阿昌说，现在的大学生找工作比较难，总想在走向社会之前学点做生意的知识。

阿昌感慨道：做旧书真的大有学问。显而易见的一点是，经营者自己先要有点学问，不仅要会收购版本，更要具有“藏书”功底。“倘若只懂点买卖的皮毛伎俩，而又不去苦心钻研这个门道，做这个行当就难以做出名堂来。”